T0271321

Printed in the United States
By Bookmasters

إدارة الجودة الشاملة

مدخل نظري وعملي نحو ...
ترسيخ ثقافة الجودة وتطبيق معايير التميز

إياد عبدالله شعبان

الطبعة الأولى

2009

الطبعة الأولى

1430هـ-2009م

المملكة الأردنية الهاشمية
رقم الإيداع لدى دائرة المكتبة
الوطنية

(2009/3/811)

658.56

شعبان، إياد عبدالله

إدارة الجودة الشاملة/ إياد عبدالله شعبان.- عمان: المؤلف، 2009.

( ) ص.

ر.أ. : (2009/3/811)

الواصفات: / إدارة الإنتاج///الإنتاجية//إدارة الجودة//إدارة الأعمال/

❖ أعدت دائرة المكتبة الوطنية بيانات الفهرسة والتصنيف
الأولية

❖ يتحمل المؤلف كامل المسؤولية القانونية عن محتوى مصنفه
ولا يعد هذا المصنف رأي دائرة المكتبة الوطنية أو أي جهة
حكومية أخرى.

المتخصصون في الكتاب الجامعي الأكاديمي العربي والأجنبي

دار زهران للنشر والتوزيع

تلفاكس : 5331289 – 6 – 962+، ص.ب 1170 عمان 11941 الأردن

E-mail : Zahran.publishers@gmail.com

www.darzahran.net

الإهداء

إلى والديّ...

هذه ثمرة من ثمار غرسكم وجهودكم التي غرست
في نفسي حب العمل والإخلاص فيه
فلا يسعني إلا أن أرد بعضاً من ثمارها إليكم...
بــراً وإحســانـــاً...إكرامـاً ووفـاءً

إلى محبي الجودة وعاشقي التميز...
في وطني العربي الكبير... تقديراً واحتراماً

قائمة المحتويات

قائمة الجداول

قائمة الأشكال

المقدمة

إن التحدي الذي يواجه المؤسسات على اختلاف أنواعها في عالم اليوم هو كيفية النجاح في بيئة تتسارع فيها التحولات والمتغيرات، حيث تزداد حدة المنافسة يوماً بعد يوم، وحيث تصبح الجودة مطلباً أكثر إلحاحاً. وإذا كان الحديث عن الجودة كثيراً ما يرتبط بالحديث عن مواصفات قياسية، بيانات إحصائية، طرق وأساليب وأدوات مختلفة، وكأن مفاهيم الجودة وتطبيقاتها تقتصر ـ على هذه الأمور، ولكن في واقع الأمر فإن الجودة بمفهومها العام والشامل ترتبط بنواحي أخرى كثيرة.

فنحن لا نحتاج للجودة في مؤسساتنا فقط سواء أكانت صناعية أم خدمية، حكومية أم خاصة، ولكننا نحتاج إليها أيضاً في بيوتنا ومدارسنا وجامعاتنا وكافة مناحي حياتنا، آخذين بالاعتبار أن تبني مفاهيم الجودة والالتزام بمبادئها هو رحلة وليست محطة وصول، فتطبيقات الجودة ليست لها حدود ومستمرة بلا توقف من أجل تحسين لا ينتهي لمفاهيم الإدارة والإنتاجية، الأمر الذي يقتضي ـ ضرورة الإسراع في تطبيق مفاهيمها ومواصلة الالتزام بهذه المفاهيم، وذلك عن قناعة بمبادىء الجودة وأهميتها من ناحية، وأنها استثمار طويل الأجل وليست عصاً سحرياً أو حلاً سريعاً من ناحية أخرى، فالدافع يجب أن يكون ذاتياً، وإن أول وأهم مسألة في هذا الموضوع تتمثل في بناء الأفراد وليس استخدامهم، وذلك من خلال تهيئة الأرضية وإرساء الأسس لثقافة داعمة ومساندة لها.

ومن هنا فقد جاء هذا الكتاب كمحاولة جادة من قبل المؤلف وكمدخل نظري وعملي نحو ترسيخ ثقافة الجودة وتطبيق معايير التميز، باعتبار تبني مفاهيم الجودة الشاملة والالتزام بمبادئها الخطوة الأولى بل هو نقطة البداية في الطريق نحو التميز، حيث أن معظم نماذج وجوائز التميز العالمية والعربية منها تقوم على مبادىء الجودة الشاملة وتطبيقاتها المختلفة، وحيث اقترن الحديث عن الجودة بالحديث عن التميز دوماً.

وعليه فقد تم تقسيم الكتاب إلى ثمانية فصول تغطي مختلف جوانب إدارة الجودة الشاملة، حيث تناول **الفصل الأول** مدخل الجودة الشاملة للقيام بالأعمال من خلال إلقاء نظرة عامة على تعريف الجودة والجودة الشاملة ومبادئها الأساسية وتزايد الاهتمام بها وتطورها التاريخي وروادها وأسباب الفشل في تطبيقها في بعض الأحيان. أما **الفصل الثاني** فقد تناول ثقافة الجودة من حيث ماهيتها والتغيير الثقافي والتأسيس لثقافة الجودة وخطوات التحوّل نحو الجودة الشاملة والقيّم الأساسية لثقافة الجودة. وقد ناقش **الفصل الثالث** الجودة الشاملة والميزة التنافسية من حيث العلاقة بينهما والعوامل الرئيسية التي تؤثر على الميزة التنافسية وأخيراً الموارد البشرية والوضع التنافسي. أما **الفصل الرابع** فقد جاء ليلقي نظرة عامة على أدوات الجودة الشاملة من خلال التعرف على ماهية أدوات الجودة الشاملة وعرض موجز لأهم هذه الأدوات. وقد تناول **الفصل الخامس** تخطيط جودة المنتجات والخدمات من خلال التعرف على مراحله والتخطيط الاستراتيجي للجودة والأهداف الاستراتيجية للجودة وأسس التخطيط الناجح ومبادىء أساسية بهذا الخصوص. أما **الفصل السادس** فقد تناول النموذج الأوروبي للتميز بشىء من التفصيل باعتباره من أكثر النماذج إستخداماً وشيوعاً في هذا المجال وتقوم عليه العديد من جوائز التميز في العالم والوطن العربي، حيث تم استعراض مبادىء التميز الأساسية وإنطلاقة الرحلة نحو التميز ومكونات النموذج ومنطق الردار والمعايير التي يقوم عليها النموذج. فيما تناول **الفصل السابع** جوائز التميز ودورها في تحقيق الجودة الشاملة، حيث تم استعراض بعض جوائز التميز العالمية مثل جائزة ديمنج وجائزة مالكوم بالدريج، وذلك قبل أن يتم القاء الضوء على جائزة الملك عبدالله الثاني للتميز بكافة قطاعاتها وبرنامج دبي للأداء الحكومي المتميز وجائزة الملك عبدالعزيز للجودة كأمثلة على جوائز التميز في الوطن العربي علماً بأن هناك أيضاً جائزة الشيخ خليفة للامتياز، جائزة أبو ظبي للأداء الحكومي المتميز، برنامج عجمان للتميز، جائزة الشيخ جابر للجودة والعديد غيرها، حيث أصبحت هذه الجوائز تحظى باهتمام ورعاية على أعلى المستويات، ويتوقع أن تشهد المرحلة

القادمة استحداث المزيد منها بعد أن حققت التجارب السابقة نجاحات يشار إليها بهذا الخصوص.

وقد جاء **الفصل الثامن** والأخير من هذا الكتاب عن الأيزو 9000 المواصفة الأهم والأشهر في العالم، حيث تناول لمحة تاريخية والتعريف بالمواصفة والأسباب التي تدعو المؤسسات للاهتمام بها وعلاقتها بالجودة الشاملة والبنود الرئيسية للمواصفة آخذين بالاعتبار الاصدار الرابع 2008:9001 والذي صدّر في أواخر عام 2008، بالإضافة إلى أفكار للنجاح.

وبعد، فعندما تتعامل المؤسسات مع الجودة الشاملة كأداة إدارية جديدة، وبعبارة أخرى كإجراء علاجي سريع، فإنها سوف تحكم على جهودها بالفشل قبل أن تبدأ، ولسوء الحظ فإن بعض المؤسسات التي تأخذ بهذا الأسلوب وكنتيجة لفشلها الحتمي تصبح من معارضي الجودة الشاملة. لذلك فإن على المؤسسات (بل وحتى المجتمعات) أن تجتاز التغيير الثقافي أولاً، حتى تنجح في تطبيق مفاهيم الجودة الشاملة.

وخلاصة القول هي أن تصبح الجودة التزاماً أكيداً ومنهج عمل وحياة، لذلك فنحن بحاجة إلى إرساء دعائم ثقافة ترسخ مفاهيمها لدى المؤسسات المختلفة (حكومية وخاصة) وتشجعها على المضي- قدماً في هذا المجال، الأمر الذي يتطلب أن نكون مثابرين وأن نستمر بالحديث عن الجودة في كل فرصة تسنح لنا... **نسأل اللهَّ التوفيق والسداد**

المؤلف
إياد عبداللهَّ شعبان

الفصل الأول

مدخل الجودة الشاملة للقيام بالأعمال

ماهية الجودة الشاملة

حتى نستطيع تعريف الجودة الشاملة لا بد من التطرق إلى بعض الحقائق التاريخية ذات العلاقة بتطور مفهوم الجودة وتزايد الاهتمام بها، وذلك من خلال الإجابة على التساؤل التالي:

متى وكيف بدأ الاهتمام بالجودة؟

وللإجابة على ذلك نستعرض المراحل التالية والتي قد تكون شكّلت علامات بارزة في تطوّر مفهوم الجودة وتزايد الاهتمام بها، وذلك من خلال استعراض التغيرات التي حصلت على دور الإدارة عموماً وعلاقتها بالعاملين على وجه الخصوص باعتبارهم محور العمل وهدفه الأساسي، حيث يمكن تلخيص ذلك بما يلي:

بعد الثورة الصناعية الكبرى

كان دور الإدارة يتمثل في توفير المكان الملائم والوسائل والأدوات المناسبة وتحديد طرق وأساليب القيام بالعمل، وكان المفهوم أن الإدارة تعرف ما هو المطلوب وتحتاج فقد لاستئجار قوة العضلات لإنجاز ذلك، وأن العمال موجودين فقط لأن الإدارة لا تستطيع إنجاز العمل بدونهم، وليس متوقعاً منهم أن يفكروا في طرق أخرى للقيام بالعمل، وبالتالي كل ما هو مطلوب منهم ببساطة اتباع أوامر الرئيس المباشر لهم، حيث يجري تقسيم العمل بشكل نموذجي إلى مهمات صغيرة تحتاج إلى حد أدنى من التفكير أو قد لا تحتاج أثناء القيام بذلك.

وخلال القرن العشرين، وبعد الحرب العالمية الثانية بالتحديد

حدثت تغيرات كبيرة في العلاقة ما بين الإدارة والعاملين، وهناك من يعتقد أن النقابات العمالية هي المسؤولة عن تلك التغيرات، وأنها هي التي ساعدت في حصول العاملين على أجور أفضل، ساعات عمل أقل، إدخال تحسينات في مكان العمل،

وأمور أخرى كثيرة. وفي واقع الأمر فإن النقابات لم يكن لها أي دور في ذلك، والذي حدث هو أن تلك التغيرات كانت ضرورية من أجل أن تبقى المؤسسات في السوق التي تزداد فيها حدة المنافسة يوماً بعد يوم. فبعد الحرب العالمية الثانية عندما قَدِم ديمنج Deming إلى اليابان، حاملاً معه أفكار الجودة، كانت اليابان قد هزمت في الحرب، وقاعدتها الصناعية قد دمرت تماماً، وبالتالي كانت بحاجة ماسة إلى إعادة بناء مصانعها وجعل الناس يعملون بسرعة لإعادة الحياة إلى اقتصادها الذي دمرته الحرب تماماً، وقد كان هذا يعني أن عليهم بيع منتجاتهم في الخارج - إلى نفس الناس الذين هزموهم في الحرب. ولتحقيق ذلك كان لا بد أن تكون منتجاتهم على مستوى عالٍ من الجودة، فقد كان بقاؤهم يعتمد على ذلك، ولم يستمع اليابانيون إلى ديمنج وجوران Deming and Juran فحسب، ولكنهم اعتنقوا أفكارهم وفلسفتهم، بينما تم التخلي عن تلك الأفكار في الولايات المتحدة التي تعد بمثابة سوقاً نهماً لا يشبع.

وبعد ذلك طوّرت اليابان جودتها الخاصة بها من قبل روادها في هذا المجال وهم اشكاوا Ishikawa، تاجوشي Taguchi، شنجو Shingo وآخرين غيرهم، الذين طوروا أعمال ديمنج وجوران. ولثلاثين سنة وحتى الثمانينات، طوّر اليابانيون طرق الإنتاج ومفاهيم الجودة الخاصة بهم، حيث أصبحت اليابان تتقدم جميع دول العالم وليس الولايات المتحدة فقط، وذلك في جودة منتجاتها وقوة اقتصادها.

وخلال تلك الفترة، بدأت الشركات الأمريكية تصحوا على حقيقة أن المنتجات اليابانية هي الأفضل في العالم، وأنها تفوقت على المنتجات الأمريكية ليس في الأسواق العالمية فحسب، ولكن في السوق الأمريكية نفسها، حيث أصبحت معظم الأسواق في العالم خاضعة لسيطرة اليابان، ووجدت الشركات الأمريكية نفسها غير قادرة على المنافسة، وهنا أدرك الأمريكيون أنه ليس فقط البقاء الاقتصادي قد أصبح على المحك، ولكن ربما أيضاً البقاء الوطني، فأما أن تصبح منتجاتهم منافسة في الأسواق العالمية وأما أن يخسروا أول حرب بدون رصاص منذ إختراع بارود المدافع، وقد تنبهوا لذلك

وأدركوا أن الإدارة لها دور رئيسي في هذا المجال، فهي تقوم بكل ما من شأنه مساعدة العاملين على القيام بالعمل. **وهذا يعني** تدريبهم والاستماع لأفكارهم ومراعاة اهتماماتهم، وأكثر من ذلك البحث في تلك الأفكار والاهتمامات والعمل بها، **وهذا يعني أيضاً** تفويضهم السلطة اللازمة للقيام بأعمالهم وإعطائهم الوقت للتفكير والمناقشة، **وهذا يعني كذلك** الاتصال والتواصل مع العاملين وعلى مختلف المستويات الإدارية، **وهذا يعني** قبول كل عامل في المؤسسة كعضو ذو قيمة في فريق متعاون[1].

تحدي اليوم

إن التحدي الذي يواجه المؤسسات على اختلاف أنواعها في القرن الواحد والعشرين هو كيفية النجاح على المستوى العالمي، حيث تزداد حدة المنافسة يوماً بعد يوم، وحيث تصبح الجودة مطلباً أكثر إلحاحاً، فالمؤسسات يجب أن تقدم سلع وخدمات منافسة من حيث السعر والجودة في السوق العالمية تماماً كما تقدمها في السوق المحلية، وذلك إذا ما أرادت المحافظة على الميزة التنافسية في بيئة تتحسن فيها الجودة باستمرار[2].

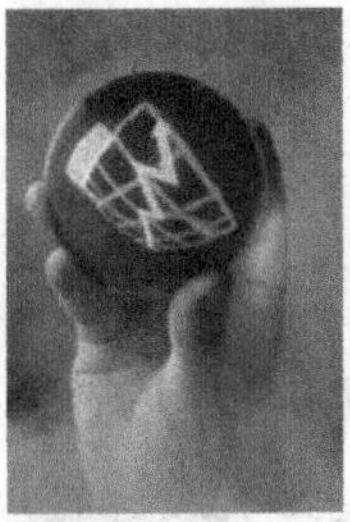

فما هي الجودة Quality؟ وبماذا تختلف عن الجودة الشاملةTotal Quality؟

في الواقع، نحن نتعامل مع موضوع الجودة بشكل مستمر في حياتنا اليومية، عند التسوق في متجر، تناول وجبة في مطعم، التعامل مع مصرف معين ... الخ.

(1) David L. Goetsch and Stanley Davis, **Introduction to Total Quality**, Prentice Hall International Editions, Englewood Cliffs, New Jersey, 1994, P 407 – 410.

(2) The UNIDO/JSA Approach, **A pathway to Excellence** (TQM Methods and Case Studies from ASEAN), 2001, P 2 - 5.

وبالتالي فإن هناك من يرى بـأن الجـودة هـي صـفة مميـزة للسـلعة أو الخدمـة مـن الممكـن أن تجعلها أفضل. ولكن في الواقع فإن الجـودة لا تـرتبط بالسـلعة أو الخدمـة فقـط، ولكنهـا تـرتبط أيضاً بالعمليات، الأفراد، وحتى البيئة.

وبناءً على ما سبق، فإنه يمكن تعريف الجودة كما يلي [1] :

" الجودة هي حالة ديناميكية ترتبط بالسلع أو الخدمات توافق أو تفوق توقعات العملاء ".

هذا فيما يتعلق بالجودة، فما هي الجودة الشاملة؟

بشكل عام، يمكن القول أن الجودة الشاملة تعبر عن نشاطات تحسين مستمرة تشمل كل فـرد في المؤسسة، في جهد مشترك ومتكامل لتحسين الأداء على كافة المستويات، وهذا التحسـين في الأداء موجه نحو الإيفاء بمتطلبات أو شروط معينة، تركز في النهاية على زيادة رضا العملاء.

وبالتالي فإن الجودة الشاملة هـي " مـدخل للقيـام بالأعمـال يهـدف إلى تعزيز المركز التنافسي- للمؤسسة من خلال التحسين المستمر لجودة ما تقدمه مـن سـلع أو خـدمات، الأفـراد العـاملين فيهـا، العمليات التي تقوم بها، وحتى البيئة (المحيط) الذي تعمل فيه ".

ولكي نفرق بين الجودة الشاملة والطرق التقليدية الأخرى، فإن مدخل الجودة الشاملة للقيام بالأعمال، يتصف بما يلي:

- **الاهتمام بالعميل (داخلي وخارجي)**

في الجودة الشاملة، فإن العميل هو المحرك، سواء أكـان داخليـاً أم خارجيـاً، حيـث يهـتم العمـلاء الخارجيين بجودة السلعة أو الخدمة، في حين يعكس العملاء الداخليين

---

[1] David L. Goetsch and Stanley Davis, Ibid, P 4 – 6.

مستوى الجودة المتعلق بالأفراد والعمليات التي يقوم بها هؤلاء الأفراد، والبيئة المحيطة بشكل عـام. وبعبارة أخرى فإن العميل الداخلي هو من يصنع الجودة، في حين أن العميل الخارجي هو من يسـتفيد منها.

- ● جَعّل الجودة هاجساً

هذا يعني أن جميع العاملين وعلى كافة المستويات يعملـون دائمـاً مـن أجـل الأفضل، بحيـث تصبح الجودة هاجساً يسيطر على تفكيرهم جميعاً (Obsession with quality).

- ● الطريقة العلمية في اتخاذ القرارات وحل المشاكل

والمقصود هنا استخدام الأسلوب العلمي في اتخاذ القرارات وحـل المشـاكل، مـن خـلال اسـتخدام أدوات لجمع وعرض المعلومات بطرق تساعد على فهم وإدراك الأفكـار والاهتمامـات التـي لـو طبقـت على العمليات فإنها سوف تؤدي إلى نتائج أفضل، بالإضافة إلى اتباع خطوات متسلسلة (منهجية واضحة ومحددة كإطار للعمل).

- ● الالتزام طويل المدى

إن مدخل الجودة الشاملة أكثر من مجرد طريقة للقيام بالأعمال، إنها تتطلب بنـاء ثقافـة داعمـة ومساندة لها والتزام بمفاهيمها، وذلك عن قناعة بمبدأ الجودة وأهميتها، فالدافع يجب أن يكون ذاتيـاً، وهي استثمار طويل المدى وليس عصاً سحرياً أو حلاً سريعاً.

- ● العمل الجماعي وفرق العمل

في إطار الجودة الشاملة فإن الجميع لديهم الصلاحيات للعمل بإتجاه الأهداف المشتركة، فالعمـل الجماعي بشكل تعاوني لتحسين العمليات وتلبيـة حاجات العمـلاء بشـكل أفضل هـو حجـر الزاويـة، والحديث هنا يشمل جميع العاملين وعلى مختلف المستويات الإدارية.

- **التحسين المستمر للعمليات**

من أجل النجاح في تطبيق مفاهيم الجودة الشاملة يجب على المؤسسة أن تحدد ما هي عملياتها التي تضيف قيمة وتحسّن فعالياتها، حيث تعتبر النتائج المتحققة مؤشراً لجودة العمليات.

- **التعليم والتدريب**

فمن خلال التعليم والتدريب (Education and Training)، الأفراد الذين يعرفون كيف يعملون بإجتهاد ومثابرة، يتعلمون أيضاً العمل ببراعة.

- **الحرية في العمل دون الإخلال بالرقابة**

بمعنى أن إعطاء العاملين السيطرة على نشاطاتهم والحرية لاتخاذ القرارات الهامة والمسؤولية عـن أفعالهم يجعلهم يشعرون بأنهم مسؤولون شخصياً عن أدائها، ويوجد لديهم نوع مـن الرقابـة الذاتيـة (Freedom through control).

- **ترابط الأهداف**

وذلك عن طريق مساعدة الأفراد على بلوغ أهدافهم الذاتية وكذلك أهدافهم الوظيفية، وبعبارة أخرى أن تكون أهداف المؤسسة منسجمة مع أهداف العاملين فيها، فالجميع وعلى كافة المستويات يعملون معـاً تجاه أهداف مشتركة (Unity of purpose).

- **إشراك العاملين وتفويضهم السلطة**

وهذا من شأنه أن يزيد إحتمالية القرار الجيد، الخطة الأفضل، التحسـين الأكـثر فاعليـة، ويعـزز التزام العاملين نحو القرارات التي شاركوا هم أنفسهم في اتخاذها.

لماذا الاهتمام بالجودة الشاملة؟

يمكن تلخيص أهم الأسباب التي دعت إلى زيادة الاهتمام بالجودة الشاملة وتطبيق مفاهيمها بما يلي:

- لتنجح لا بد أن تنافس عالمياً.
- ولتنافس عالمياً، لا بد أن تنتج سلع أو تقدم خدمات على مستوى عالٍ من الجودة.
- ولتنتج سلع أو تقدم خدمات على مستوى عالٍ من الجودة، لا بد أن تطبق مفاهيم الجودة الشاملة وتلتزم بمبادئها.

ولتوضيح ذلك عملياً، نورد المثال التالي:

فبينما كانت الولايات المتحدة الأمريكية تنعم بمكانة مرموقة كقوة اقتصادية عظيمة ومتفوقة، الدول الصناعية الأخرى وخصوصاً اليابان وألمانيا كانت مشغولة في إعادة بناء قطاعاتها التصنيعية، حيث تبين لها ما يلي:

لتنجح يجب أن تكون مستعداً للمنافسة على المستوى العالمي، ولتنافس على المستوى العالمي لا بد أن تنتج سلعاً وتقدم خدمات على مستوى عالٍ من الجودة. وعندما اكتشفت الشركات في الولايات المتحدة الأمريكية أن **الجودة هي المفتاح للنجاح**، كانت الصناعات اليابانية والألمانية والتايوانية والكورية قد غزت أسواق العالم قبل أن يحكم السيطرة عليها المصنعون الأمريكيون.

وبناءً عليه، فإن العلاقة بين الجودة والوضع التنافسي يمكن أن تلخص كما يلي:

في السوق العالمي الجودة هي التي تقرر الوضع التنافسي، فالولايات المتحدة خرجت من الحرب العالمية الثانية كدولة صناعية رئيسية وحيدة بقطاع صناعي معافى تماماً، ألمانيا واليابان

دمرت خلال الحرب، ومن ثم قامت بإعادة بناء قطاعاتها الإنتاجية بالاعتماد على ما سبق، حيث أدركت أن نجاحها يعتمد في قدرتها على المنافسة في الأسواق العالمية، وأن المنافسة في الأسواق العالمية يتطلب منها أن تنتج بمستوى عالٍ من الجودة، حيث ساعدهم ذلك في أن يستردوا مكانتهم ويصبحوا في مقدمة دول العالم اقتصادياً.

التطوّر التاريخي:

يمكن القول بشكل عام أن إدارة الجودة الشاملة قد مرت بخمسة مراحل تطويرية متداخلة إلى حد كبير، هي ما يلي[1]:

Inspection	الفحص والتفتيش	1.
Quality Control	مراقبة الجودة	2.
Quality Assurance	تأكيد الجودة	3.
Quality Control Circles	حلقات السيطرة	4.
Total Quality Management	إدارة الجودة الشاملة	5.

---

(1) خضير كاظم حمود، **إدارة الجودة الشاملة**، الطبعة الأولى، عمان: دار المسيرة للنشر والتوزيع والطباعة، 2000، ص 89.

ومن الناحية التاريخية، يمكن إيجاز تطور الجودة الشاملة كما يلي:

الفترة 1940 - 1945

استخدام الأساليب الإحصائية والتحليلية في عمليات الفحص، وقد كان لكل من ديمنج وجوران دور رئيسي في هذا المضمار، وكلاهما أمريكي.

فترة الخمسينات

كانت المنافسة محدودة، وبالتالي فإن الاهتمام بالجودة كان ضعيفاً إلى حد ما. وقد ذهب ديمنج إلى اليابان لإلقاء محاضرات وإقامة دورات تدريبية هناك، حيث تبنت أفكاره وفلسفته العديد من المؤسسات اليابانية.

فترة الستينات

بدأ التأكيد بشكل ملحوظ على أهمية الجودة، وخاصةً ما يتعلق بمفاهيمها والإجراءات والتدريبات المتعلقة بأدوات العمل والمواد الأولية وغير ذلك من الجوانب ذات الأهمية بالنسبة للجودة.

فترة الثمانينات

توجهت العديد من المؤسسات لإقامة وحدات متخصصة للجودة تحملت مسؤولية الاهتمام بها وتطوير مفاهيمها والعمل على تطبيقها.

فترة التسعينات

برز اهتمام كبير ومتزايد بالجودة وزاد الوعي لأهميتها، وخاصة بعد ازدياد حدة المنافسة والانفتاح الاقتصادي.

جدول رقم (1)
مراحل هامة في التحوّل نحو الجودة الشاملة

الفترة الزمنية	أهم المظاهر
1911	فردريك تايلور: كتاب " مبادئ الإدارة العلمية "، دراسة الحركة والوقت .
1940	إدوارد ديمنج: تطبيق الأساليب الإحصائية في عمليات الفحص، أساليب مراقبة الجودة.
1950	إدوارد ديمنج: إلقاء محاضرات في اليابان حول موضوع الجودة.
1951	جوزيف جوارن: نشر دليل مراقبة الجودة.
1970	فليب كروسبي: أدخل مفهوم انعدام العيوب Zero Defects.
1979	فليب كروسبي: نشر كتاب الجودة هي الحرية.
1982	ديمنج: نشر كتاب الجودة، الإنتاجية، والوضع التنافسي.
1993، وما بعد	مدخل الجودة الشاملة للقيام بالأعمال بدأ يدرس على نطاق واسع في الكليات والجامعات في مختلف دول العالم.

رواد الجودة الشاملة

عند الحديث عن الجودة الشاملة وتطور مفاهيمها لا بد من الإشارة إلى ثلاثة مفكرين أسهموا في تطوير هذه المفاهيم ووضع قواعد وأسس الجودة الشاملة، وهم:

أولاً: إدوارد ديمنج **W. Edwards Deming**

من أوائل الذين تحدثوا عن الجودة الشاملة، حيث قدّم العديد من المساهمات الهادفة إلى تطوير مفاهيم الجودة، ومع أنه أمريكي فقد تم التخلي عن أفكاره في أمريكا، بينما استمع إليه اليابانيون وتبنوا فلسفته بعد أن طوروا أفكاره وطبقوها.

وقد ركز ديمنج على ضرورة تقليل الانحرافات التي تقع أثناء القيام بالعمل وأشار لذلك في كتاباته عن فلسفته وأساليبه التي أصبحت ذات أثر فعّال في تطور إدارة الجودة الشاملة، حيث لخص فلسفته ونظرته للجودة في أربع عشرة نقطة تشير إلى ما يجب على المؤسسات القيام به إذا ما أرادت التحول نحو الجودة الشاملة، وهي ما عرفت بـ: " نقاط ديمنج الأربعة عشر ".

كما أشار إلى العوامل التي من شأنها أن تعيق الانتقال للجودة الشاملة وهي ما سميت بـ " الأمراض السبعة المميتة ". وطور ما يسمى بـ " دورة ديمنج ".

دورة ديمنج **The Deming Cycle**

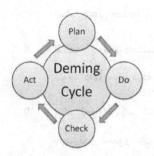

ربطت بين إنتاج السلع والخدمات من ناحية واحتياجات العملاء من ناحية أخرى، وركزت على ضرورة الاستخدام الأمثل للموارد من قبل جميع العاملين وعلى كافة المستويات في جهد مشترك لمقابلة تلك الاحتياجات، **وذلك من خلال التخطيط، التنفيذ،**

المراجعة، التدقيق، والعودة ثانيةً إلى التخطيط، وهو ما تقوم عليه معظم جوائز التميز السائدة حالياً، كما سنرى في الفصول القادمة.

نقاط ديمنج الأربعة عشر   Deming's Fourteen Points

1. الهدف باستمرار تحسين جودة السلع والخدمات من أجل البقاء والمنافسة.

2. ضرورة تبني الفلسفة الجديدة، وهو ما يعني أن الإدارة أمام تحدي، يجب أن تتحمل المسؤولية وتتولى قيادة التغيير.

3. عدم الاعتماد على الفحص والتفتيش فقط لتحسين الجودة، وإنما الاهتمام بالجودة منذ البداية وفي مراحل العمل الأولى.

4. عدم الاعتماد على السعر فقط كعنصر أساسي للمفاضلة في شراء المواد والمستلزمات، وإنما أخذ عنصر الجودة بعين الاعتبار أيضاً.

5. التحسين المستمر للعمليات التي ترافق تقديم السلع والخدمات لتحسين الجودة والإنتاجية، وبالتالي تخفيض التكاليف.

6. اعتماد طرق حديثة في التدريب والتعليم، وعلى كافة المستويات.

7. إيجاد نوع من التكامل بين العمليات الإشرافية وتمكين المشرفين من العمل بشكل مباشر مع العاملين على خطوط الإنتاج بهدف تحسين الجودة وزيادة الإنتاجية.

8. الشعور بالأمان والاطمئنان في العمل، وهو ما يعني إزالة الخوف وجعل أنشطة العاملين تتوجه دائماً نحو معرفة أسباب المشاكل والعمل على معالجتها.

9. إزالة العوائق وكسر الحواجز بين وحدات العمل المختلفة وجعلهم يعملون سويةً كفريق واحد نحو مستوى عالٍ من الجودة والإنتاجية.

10. التخلي عن الشعارات والأهداف غير الواقعية التي يصعب تحقيقها.

11. الابتعاد عن الأهداف الفردية على مستوى كل عامل أو وحدة، والتركيز بدلاً من ذلك على السلوك الجماعي والأهداف المشتركة.

12. إزالة العوائق في الاتصال بين الإدارة والعاملين على مختلف المستويات.

13. إحلال برامج للتدريب والتعليم المستمر للأفراد والتركيز على إكسابهم مهارات جديدة.

14. مواكبة التطورات واعتماد أساليب جديدة في العمل.

الأمراض السبع المميتة Deming's Seven Deadly Disease

أشار ديمنج إلى أن هناك سبعة أمراض مميتة، يتعين على الإدارة الانتباه إليها والعمل على تلافيها إذا ما أرادت تبني الجودة الشاملة، وهي:

1. عدم الثبات والتغيير المستمر في الأهداف والتوجهات، الأمر الذي من شأنه أن يُحدّث اضطراب وعدم استقرار، إذ ينبغي أن يكون استقرار الأهداف حالة قائمة، لا سيما على المدى الطويل، لما له من أثر في وضع الاستراتيجيات وخطط العمل.

2. التركيز على تحقيق الأرباح كهدف سريع وقصير الأجل.

3. اعتماد أنظمة المراجعة للمديرين والإدارة بالأهداف دون تحديد الطرق والوسائل لتحقيق تلك الأهداف، والتركيز على الانحرافات دون فهم الأسباب الكامنة ورائها عند تقييم الأداء.

4. عدم استقرار الإدارات وكثرة تغييرها، مما قد يؤثر في القدرة على تحقيق الأهداف ويحول دون تنفيذ هذه الإدارات لبرامجها والخطط التي وضعتها.

5. الاعتماد على ما هو متوفر فقد من بيانات ومعلومات في اتخاذ القرارات دون مراعاة لظروف عدم التأكد.

6. التكاليف الإضافية المتعلقة بمعالجة الأخطاء المستمرة والتي من الممكن تفاديها فيما لو تم اتخاذ الإجراءات الوقائية اللازمة.

7. التكاليف الإضافية المتعلقة بالالتزامات والغرامات التي تدفع نتيجة المخالفات القانونية التي يتم ارتكابها. والتكاليف هنا يمكن أن تكون معنوية على حساب سمعة المؤسسة وصورتها العامة، بالإضافة إلى التكاليف المادية المتعلقة بالمعالجة القانونية لتلك المخالفات.

والقيمة من وجهة نظر ديمنج تتحدد بما يلي:

• نشاطات الإدارة العليا.

• نشاطات إرضاء العملاء.

• نشاطات مشاركة العاملين.

• نشاطات التعليم والتدريب.

ثانياً: جوزيف جوران Joseph Juran

وقد ركز على العيوب أو الأخطاء أثناء العمليات، وكذلك على الوقت الضائع lost time، كما أنه ركز على مراقبة الجودة، واشتهر بالمساهمات التالية:

خطوات جوران الثلاث الأساسية للارتقاء

1. التحسين المستمر للعمليات.

2. برامج تدريب شاملة.

3. التزام تام وقيادة موجهة من قبل الإدارة العليا.

خطوات جوران العشر لتحسين الجودة **Jurans Ten Steps**

1. زيادة الوعي للحاجة إلى التحسين والبحث في فرص التحسين.
2. وضع أهداف التحسين.
3. العمل على تحقيق تلك الأهداف.
4. توفير التدريب اللازم.
5. تنفيذ مشاريع تهدف إلى حل المشاكل.
6. بيان التقدّم من خلال التقارير والمراجعة المستمرة.
7. تقديم الحوافز والمكافآت.
8. نشر النتائج.
9. المحافظة على التقدّم.
10. بناء نظم للتحسين المستمر على مستوى النشاطات المختلفة وعلى مستوى المؤسسة ككل.

مبدأ باريتو **The Pareto Principle**

تبنى جوران مبدأ باريتو الذي يقوم على أن الأكثرية من المشاكل تنتج عن الأقلية من الأسباب، وبالتالي يجب على المؤسسات أن تركز جهودها على المصادر الجوهرية التي ينتج عنها أكثرية المشاكل.

علماً بإن جوارن و ديمنج، كلاهما يعتقدان أن النظم التي تسبب أكثرية المشاكل هي التي تقع تحت سيطرة الإدارة.

ثلاثية جوران   The Juran Trilogy

1. تخطيط الجودة   Quality Planning

ويتضمن تطوير المنتجـات، الأنظمـة والعمليـات اللازمـة لتلبيـة احتياجـات العمـلاء والاسـتجابة لتوقعاتهم. والخطوات المتبعة في ذلك هي ما يلي:

- تحديد من هم العملاء.

- تحديد احتياجاتهم.

- تطوير مواصفات المنتج التي تلبي تلك الاحتياجات.

- تطوير العمليات التي من شأنها تحقيق تلك المواصفات.

- إعداد الخطط على المستوى التشغيلي.

2. مراقبة الجودة   Quality Control

وتشمل ما يلي:

- قياس الأداء الفعلي.

- مقارنة الأداء الفعلي مع الأهداف الموضوعة.

- معالجة الانحرافات باتخاذ الإجراءات التصحيحية.

3. تحسين الجودة   Quality Improvement

تحسين الجودة يجب أن يكون مستمراً، ويتضمن ما يلي:

- تطوير البنية التحتية الضرورية للقيام بالتحسين المستمر.

- تحديد مجالات التحسين وتنفيذ المشاريع اللازمة للقيام بها.

- تشكيل فرق العمل المسؤولة عن تنفيذ المشاريع المشار إليها.
- تزويد فرق العمل باحتياجاتها.

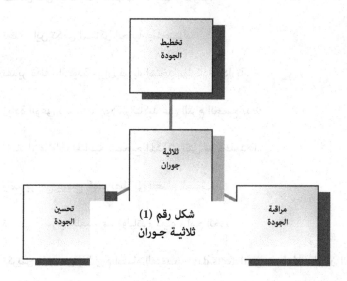

شكل رقم (1)
ثلاثيـة جـوران

ثالثاً: مساهمات كروسبي **Crosby's Contributions**

عرّف الجـودة ببـساطة عـلى أنـها " القابليـة للتكيّـف **Conformance**، واشـتهر بمـا يعـرف " انعدام العيوب - **Zero Defects** "، كما اشتهر أيضاً بما يعرف " الوقاية بالجودة - **Quality Vaccine** "، وحدد أربع عشرة خطوة لتحسين الجودة، هي كما يلي:

1. يجب أن يكون واضحاً أن الإدارة لديها التزام بالجودة طويل الأجل.

2. تشكيل فرق جودة من مختلف الإدارات والدوائر.

3. تحديد أين تكمن المشاكل الحالية والمحتملة.

4. تقدير تكلفة الجودة وبيان كيفية استخدامها كأداة إدارية.

5. زيادة الوعي بأهمية الجودة والتأكيد على التزام الجميع بذلك.

6. اتخاذ الإجراءات المناسبة لتصحيح المشاكل التي تم تحديدها.

7. وضع برنامج يوضح كيف نصل إلى انعدام العيوب.

8. تدريب المشرفين للقيام بمسؤولياتهم تجاه برامج الجودة.

9. تكريس ما يسمى بـ " يوم انعدام العيوب - a zero defects day "، لضمان أن الجميع أدركوا التوجه الجديد.

10. تشجيع الأفراد والفرق على وضع أهداف التحسين على المستوى الفردي وللفرق أيضاً.

11. تشجيع العاملين على اعلام الإدارة بالصعوبات التي واجهتهم أثناء محاولتهم تحقيق أهداف الجودة.

12. الاعتراف بجهود العاملين الذين كان لهم مساهمات فعّالة في تحسين الجودة.

13. تطبيق حلقات الجودة لتشجيع الاتصال المستمر.

14. إعادة هذه الخطوات باستمرار للتأكيد على أن تحسين الجودة عملية لا تنتهي.

أسباب فشل الجودة الشاملة في بعض الأحيان؟

- قد يكون الافتقار إلى الالتزام طويـل الأجـل، أو التوقعـات غير الواقعية للنتائج المترتبـة علـى تطبيق مفاهيم الجودة الشـاملة أحـد أسـباب الفشل[1]، فهناك العديد مـن المؤسسـات التي تأخذ بمدخل الجودة الشاملة لإدارة أعمالها ولا يكون لـديها الالتـزام الكـافي، أو قـد يكـون لديها الالتزام الكافي ولكن توقعاتها من النتائج المترتبة على تطبيق مفاهيم الجودة الشـاملة غير واقعية، الأمر الذي يؤدي إلى فشلها.

- ومن ناحية أخرى، عندما تتعامل المؤسسات مع الجودة الشاملة كأية أداة إداريـة جديـدة، أو بعبارة أخرى كإجراء علاجـي سـريع فإنهـا تحكـم علـى جهودهـا بالفشـل قبـل أن تبـدأ. ولسوء الحظ فإن بعض المؤسسات التي تتعامل مع الجودة الشاملة بهذه الطريقة وكنتيجة لفشلها المؤكد تصبح من معارضي الجودة الشاملة.

بالإضافة لذلك، هناك بعض المؤسسات التي ترتكب أخطاء متعددة عندما تبـدأ بتطبيق مفاهيم الجودة الشاملة، ومن هذه الأخطاء ما يلي:

- تفويض السلطة دون منح العاملين الصلاحيات الكافية لذلك.

- تشكيل فرق العمل دون توفير التدريب اللازم.

---

(1) ريتشال ل. ويليامز، **أساسيات ادارة الجودة الشاملة**، ترجمة مكتبة جرير، الطبعة الأولى، الرياض، 1999، ص 2 – 3.

- البدء في تطبيق مفاهيم الجودة الشاملة دون تطوير الخطط والمشاريع وبرامج العمل المناسبة.
- الأخذ بطريقة معينة بمفهومها الضيق والحرفي دون مراعاة ظروف المؤسسة وأوضاعها الداخلية والقيام بإجراء التكييف اللازم.
- عدم وضوح الفروقات بين التدريب والتعليم، التوعية والتحفيز، الإبداع والابتكار، وأخيراً بناء المهارات. ففي كثير من الأحيان تستطيع المؤسسة أن ترسل العاملين لديها لبرنامج تدريبي لمدة خمسة أيام مثلاً، وتعليمهم طرق وأساليب عمل جديدة، واطلاعهم على الكثير من الحالات العملية، ولكن لا يعني ذلك أنها تقوم ببناء مهارات. وفي الواقع، فإن المؤسسة بحاجة إلى مزيد من الوقت لتدريب العاملين لديها وتعليمهم، ومن ثم الوصول إلى مستوى مناسب من التوعية والتحفيز يجعلهم أكثر قدرة على القيام بأعمالهم بشكل مختلف عما اعتادوا عليه سابقاً.

الفصل الثاني

ثقــافة الجـــودة

مقدمة

إن الحديث عن الجودة كثيراً ما يرتبط بالحديث عن مواصفات قياسية، بيانات إحصائية، أدوات وأساليب مختلفة، وكأن مفاهيم الجودة وتطبيقاتها تقتصر على هذه الأمور. ولكن في واقع الأمر فإن **الجودة بمفهومها العام والشامل ترتبط بنواحي حياتنا المختلفة.**

فنحن لا نحتاج للجودة في المؤسسات على إختلاف ما تقدمه من منتجات وخدمات فحسب، ولكن نحتاج إليها كذلك في البيوت والمدارس والجامعات وكافة مناحي الحياة المختلفة. ومن هنا تأتي أهمية العمل على إيجاد ثقافة تساهم في زيادة الوعي للحاجة إلى الجودة، حيث تشكل **التوعية والتحفيز** الخطوة الأولى المتبعة لجعل كل عضو في المؤسسة يتفهم مدى أهمية الجودة وانعكاس ذلك على رضا العملاء وضبط التكاليف وازدهار المؤسسة بأكملها.

وفي إطار الجودة الشاملة يكون من المهم توعية وإشراك جميع العاملين من قمة الهرم الوظيفي حتى قاعدته، إذ يتوجب أن يعرف الجميع أين تقف المؤسسة اليوم ليتمكنوا من إيصالها إلى ما تريد غداً[1]. فالجودة ليست واجباً قابلاً للتكيف، بل أمر يجب أن يجذر ويتمأسس في كل عملية، إنها مسؤولية كل فرد في المؤسسة، آخذين بالاعتبار **أن تطبيق مفاهيم الجودة الشاملة هو رحلة وليست محطة وصول**، فبرامج الجودة ليست لها حدود ومستمرة بلا توقف من أجل تحسين لا ينتهي لمفاهيم الإدارة والإنتاجية، الأمر الذي يقتضي ضرورة الإسراع في تطبيق مفاهيمها **ومواصلة الالتزام بهذه المفاهيم**، وذلك عن قناعة بمبدأ الجودة وأهميتها، فالدافع يجب أن يكون ذاتياً

---

(1) ستيفن جورج وأرنولد ويمرزكيرتش، **إدارة الجودة الشاملة** (الاستراتيجيات والآليات المجربة في أكثر الشركات الناجحة اليوم)، ترجمة حسين حسنين، الطبعة الأولى، عمان، دار البشير، 1998، ص 109 - 110.

وهي استثمار طويل المدى وليست عصاً سحرياً أو حلاً سريعاً كما سبق وأشرنا، وإن أول وأهم مسألة في هذا الموضوع تتمثل في بناء الأفراد وليس استخدامهم. **ومن هنا فقد جاءت أهمية تهيئة الأرضية أو إرساء الأسس لثقافة داعمة ومساندة لها.**

ماهية ثقافة الجودة

إن من أكبر التحديات التي تواجه المؤسسات التي تحاول أن تطبق مفاهيم الجودة الشاملة هي **المعوقات الثقافية.** فهناك العديد من المؤسسات التي تقوم بجهود مستمرة من أجل الالتزام بالجودة الشاملة وتطبيق مفاهيمها، إلا أن جهودها غالباً ما تفشل، ويعزى الأمر في كثير من الأحيان إلى تعارض مفاهيم الجودة الشاملة مع الثقافة المؤسسية السائدة.

فلكل مؤسسة ثقافتها التي تعكس قيمها وتقاليدها الأساسية من خلال الممارسات اليومية للعاملين فيها، فهي تظهر كيف يتصرف العاملون أثناء تأدية مهامهم، وتوقعاتهم بالنسبة للمؤسسة التي يعملون فيها وبالنسبة لزملائهم، وما الذي يعتبر عادياً أو غير عادي من خلال فهمهم لأعمالهم، وبالتالي طريقة قيامهم بهذه الأعمال.

وإذا كانت ثقافة المؤسسة هي منظومة القيم التي تعكس الممارسات اليومية للعاملين فيها، **فما هي ثقافة الجودة؟**

يمكننا القول أن ثقافة الجودة هي منظومة القيم التي تؤدي إلى بيئة تساعد على ترسيخ مفاهيم الجودة والتحسين المستمر لها، وتتكون من العادات والتقاليد والإجراءات والتوقعات التي تعزز أو تشجع الجودة، فالمؤسسات التي لديها ثقافة جودة تتميز بعدد من الخصائص أو الصفات، لعل أهمها:

• السلوك ينسجم مع الشعارات.

• تسعى بفاعلية نحو العميل كمُدخل، واستخدامه لتحسين الجودة باستمرار.

- العاملون وعلى اختلاف مستوياتهم الإدارية مشمولون في العملية ومفوضون السلطات الكافية.

- إدارة عليا ملتزمة، فالمسؤولية عن الجودة لا تفوض.

- كفاية في الموارد، بحيث تكون متوفرة في الوقت والمكان المناسبين عند الحاجة إليها، لضمان التحسين المستمر للجودة.

- توفير التعليم والتدريب اللازم لضمان أن العاملين وعلى جميع المستويات لديهم المعرفة والمهارة الضرورية لتحسين الجودة بشكل مستمر.

- أنظمة المكافآت والترقيات تعتمد على المساهمات المستمرة لتحسين الجودة.

- النظر إلى العاملين كعملاء داخليين.

- معاملة الموردين كشركاء.

ولكن يبقى السؤال المهم، كيف يمكن إيجاد ثقافة مؤسسية تسهم في تعزيز ثقافة الجودة، باعتبار الثقافة المؤسسية، الإطار الأشمل الذي تنتظم داخله ثقافة الجودة؟

في الواقع، هناك العديد من العوامل التي تساهم في إيجاد وبلورة ثقافة مؤسسية معينة، ومن أهم هذه العوامل:

- منظومة القيم بالنسبة لمتخذي القرار على المستوى التنفيذي تنعكس عادةً في ثقافة مؤسستهم.

- كيف يعامل الرؤساء مرؤوسيهم، وكيف يتفاعل المرؤوسين على جميع المستويات مع بعضهم، تساهم أيضاً في بلورة ثقافة المؤسسة.

- تعتبر التوقعات من المحددات الهامة للثقافة المؤسسية، فما تتوقعه الإدارة من العاملين، وما يتوقعه العاملون من الإدارة، كلاهما يساهمان في بلورة ثقافة المؤسسة.

- القصص التي يتناقلها العاملون فيما بينهم عن العمل والمؤسسة التي ينتمون إليها، تلعب دوراً رئيسياً في ترسيخ وإدامة ثقافة مؤسسية معينة.

فجميع هذه العوامل والكثير غيرها، يمكن أن تكون ذات أثر إيجابي أو سلبي في إيجاد أو بلورة ثقافة مؤسسية دون غيرها. **فعلى سبيل المثال لا الحصر**، إذا عامل الرؤساء مرؤوسيهم بثقة واحترام، فسيكون المرؤوسين أكثر اهتماماً لأن يعامل كلٌ منهم الآخر بهذه الطريقة من الثقة والاحترام، والتي ستصبح فيما بعد جزءاً من الممارسات اليومية وبالتالي جزءاً من ثقافة المؤسسة التي ينتمون إليها، ومن ناحية أخرى إذا عامل الرؤساء مرؤوسيهم بشكل مغاير، فإنهم على الأرجح سيحذون حذوهم. وفي كلا الحالتين، إذا لم يتغير الموقف فإنه سيصبح متأصلاً كالتقاليد، وهذه التقاليد ستكون متأصلة من خلال سلوكيات المرؤوسين والمواقف التي يعيشونها فيما بينهم. وهذا يوضح أهمية التأسيس لثقافة الجودة، فإذا كانت عدم الثقة جزءاً من ثقافة المؤسسة، فإنه سيكون من الصعب إرساء الأسس لبيئة من فرق العمل **Teamwork** المدعومة بشكل متبادل، وسيكون من الصعب أيضاً بناء علاقات مشاركة طويلة الأمد مع العملاء والموردين، وهي مبادئ أساسية في إطار الجودة الشاملة.

وبالتالي فإن المؤسسات التي تعاني من مثل هذه المشاكل من غير المحتمل أن تكون منافساً في ظل العولمة والانفتاح الاقتصادي وإقرار قوانين منظمة التجارة العالمية في الكثير من الدول. **لذلك لا بد أن تصبح الجودة التزاماً أكيداً ومنهج عمل وحياة، وهنا قد لا يكون الالتزام وحده كافياً، بل المطلوب هو الفعل والفعل أكثر من أي شيء آخر.** فنحن بحاجة إلى إرساء دعائم ثقافة ترسخ مفاهيم الجودة لدى المؤسسات المختلفة وتشجعها على المضي قدماً في هذا المجال، من خلال برامج شاملة معدة خصيصاً لذلك تأخذ بالاعتبار إحداث التغيير الثقافي اللازم و تفعيله، بحيث تصبح ثقافة الجودة هي الثقافة السائدة في المؤسسة، وكلما كان التغيير تدريجياً ما أمكن زادت فرص نجاحه.

الجودة الشاملة والتغيير الثقافي

إن محاولة تطبيق مفاهيم الجودة الشاملة دون إحداث التغيير الثقافي المناسب هي بمثابة دعوة للفشل، وإن المؤسسات التي تكون الثقافة السائدة فيها مبنية على الممارسات الإدارية التقليدية من غير المحتمل أن تنجح في تطبيق مفاهيم الجودة الشاملة، فالجودة الشاملة ليست مجرد إجراءات ونظم عمل فقط، وإنما تعني تغييراً جذرياً في المؤسسة وبشكل خاص من ناحية سلوك المرؤوسين بحيث تصبح شعار جميع العاملين وعلى كافة المستويات، وهي تعني تسيير المؤسسة من الألف إلى الياء. **وبالتالي فإنها تتطلب تغييراً ثقافياً، فهناك العديد من الأسباب التي تدعو إلى التغيير الثقافي أما قبل أو على الأقل أثناء تطبيق مفاهيم الجودة الشاملة**، يمكن تلخيصها بما يلي[1]:

1. إن التحول نحو الجودة الشاملة لا يمكن أن يحدّث في بيئة عدائية

إن مدخل الجودة الشاملة للقيام بالأعمال يختلف جذرياً عما اعتاده العاملون والإدارة. وإن الرؤساء الذين اعتادوا الجلوس في أبراجهم منفردين وعلى قمة الترتيب الهرمي يصدرون الأوامر من الأعلى، على الأرجح سيرفضون فكرة إشراك العاملين في اتخاذ القرارات وتفويضهم السلطات. وإن العاملين الذين اعتادوا على التنافس مع زملائهم على زيادات الأجور والترقيات، قد لا يكونوا منفتحين على المشاركة الداخلية المدعومة بشكل متبادل والعمل الجماعي **Teamwork**.

إن مثل هذه المواقف يمكن أن تساهم في إيجاد بيئة عدائية نحو مفاهيم الجودة الشاملة، بغض النظر عن مدى الرغبة في تلك المفاهيم، الأمر الذي يمكن أن يجعل من تطبيقها أمراً صعباً، فالتحوّل نحو الجودة الشاملة أمر غير ممكن في بيئة عدائية.

(1) David L. Goetsch and Stanley Davis, P 121 - 135.

2. إن التحول نحو الجودة الشاملة يستغرق وقتاً

إن الانتقال إلى الجودة الشاملة قد يؤدي بالمؤسسة إلى الإنحدار نسبياً قبـل أن تقلـب الأمـور مـن حولها وتبدأ في الصعود والتحليق. وعند التحوّل نحو الجودة الشاملة، فمن النـادر أن يـتم التوصـل إلى نتائج إيجابية على المدى القصير. وهذه الخاصية تعطي غير المؤيدين للجودة الشاملة والناس الـذين لا يريدون التغيير فرصة لتبرير عدم تأييدهم والدفاع عن مقاومتهم للتغيير. لـذلك فهـي تتطلـب التزامـاً طويل الأمد وقد أكد عدد من رواد الجودة الشاملة مثل ديمنج وكروسبي عـلى محوريـة دور الإدارة العليا في هذا المجال، فتنفيذ هذه العملية يتطلب وقتاً وموزانة مناسبة وتخطيطاً دقيقاً، فحينـما تكـون مفاهيم الجودة الشاملة في طور التطبيق يلزمها عادةً بعض الوقت قبل أن تبدأ النتائج بالظهور.

3. قد يكون من الصعب التغلب على الماضي

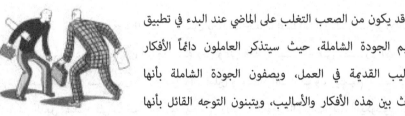

قد يكون من الصعب التغلب على الماضي عند البدء في تطبيق مفاهيم الجودة الشاملة، حيث سيتذكر العاملون دائماً الأفكار والأساليب القديمة في العمل، ويصفون الجودة الشاملة بأنها الأحدّث بين هذه الأفكار والأساليب، ويتبنون التوجه القائل بأنها ستصبح قديمة بعد فترة.

وفي الواقع فإن الماضي لا يعتبر جزءاً من ثقافة المؤسسة فحسب، ولكنه قـد يكـون الجـزء الأكـثر صعوبةً في التغلب عليـه إلى أن يألف هـؤلاء الـذين يعملـون في المؤسسة هـذه المفـاهيم ويشـعرون بالارتياح نحوها. وعليه فإن إيجاد ثقافة تتفق مع مفاهيم الجودة الشاملة يعتبر مـن أهـم التحديات التي تواجه المؤسسات، **فالثقافة أولا وقبل كل شيء.**

التأسيس لثقافة الجودة

إن التأسيس لثقافة الجودة يشبه إلى حد كبير، إقامة بناء، فأولاً وقبل كل شئ، يجب تهيئة الأرضية أو إرساء الأسس. وحسب بيتر شولتز Peter Scholtes، فإن ذلك قد يبدأ بتطوير وفهم ما نسميه " قواعد التغيير في المؤسسة "، وهذه القواعد يمكن التعرف عليها من خلال ما يلي:

1. فهم الخلفية التاريخية (الماضي الذي يقف وراء الثقافة الحالية)

إن ثقافة أي مؤسسة لم تبدأ الآن، فالعادات والتقاليد والإجراءات والتوقعات وغيرها من خصائص الثقافة الحالية والتي تبدو الآن موضوع تساؤل، قد وضعت سابقاً في مكانها لأسباب مقنعة وفي ظل ظروف مختلفة. وعليه فالمطلوب هو دراسة الأسباب الكامنة وراء الثقافة القائمة حالياً قبل محاولة تغييرها.

2. عدم العبث بالأنظمة، بل محاولة تحسينها

إن العبث أو التلاعب بالأنظمة القائمة حالياً ليس مثل تحسينها، فالعبث أو التلاعب بالأنظمة يحدث عندما يتم القيام بالتغييرات دون الفهم الكامل للأسباب الكامنة وراء عمل النظام القائم بالطريقة التي يعمل بها حالياً، فمن أجل تحسين شئ ما يجب أن نفهم أولاً ما الخلل في النظام القائم، وما الذي يجب عمله من أجل تغييره نحو الأفضل، حيث يمكن لفشل الجهود السابقة أن يقدّم حلولاً لسير العمل في المستقبل.

3. الاستعداد للاستماع والملاحظة

من المهم الانتباه للأفراد والأنظمة، والاستماع لما يقال وملاحظة ما لا يقال. وإن العاملين الذين يستمع إليهم هم على الأرجح الذين يشاركون في التغيير أكثر من أولئك الذين لا يستمع إليهم، إذ مهما كانت الملاحظة بسيطة فيجب الإصغاء لها حتى النهاية.

وهنا تجدر الإشارة إلى أن النية في التحدّث إلى الآخرين لا تكفي وحدها، بل يستدعي الأمر خروج أفراد الإدارة العليا من مكاتبهم والتفاعل مع مستويات إدارية مختلفة، وهذا أمر لا بد منه عنـد البـدء في تطبيق مفاهيم الجودة الشاملة.

4. إشراك الأفراد الذين يتأثرون بالتغيير

إن الطريقة الأكثر فاعلية لضمان أن العاملين سينسجمون مع التغييرات هي إشراكهـم في تخطـيط وتنفيذ هذه التغييرات وإعطائهم الفرصة للتعبير عن مخاوفهم واهتماماتهم، فمن الأفضل أن يكونـوا طرفاً في تحديد التغيير المطلوب بـدلاً مـن أن يتكيفـوا معـه، وبحصـول العـاملين عـلى قسـط أكـبر مـن الشعور بالمشاركة يزداد ولائهم والتزامهم تجاه المؤسسة وأهدافها، وهذا بدوره يساهم في زيادة الـوعي للحاجة إلى الجودة وأهميتها.

ومن الجوانب الهامة لإرساء ثقافة الجودة هو محاولة فهم طبيعة هذه الثقافة، **فإذا أمكن وضـع وصف لمؤسسة تتمتع بثقافة جودة عالية، فإنه سيكون لها الخصائص أو الصفات التالية:**

- فلسفة المشاركة الواسعة للإدارة.
- الاهتمام بالعنصر البشري.
- سياسة التقدير والمكافأة.
- نظم اتصال فعّالة.
- قواعد عامة للسلوك تحكم تصرفات جميع العاملين داخل المؤسسة.
- نظام قيّمي قوي.
- معايير أداء مرتفعة.
- شخصية مؤسسية محددة.

إن معرفة قواعد التغيير في المؤسسة وفهم خصائص أو صفات المؤسسات التي لديها ثقافة جـودة راسخة هو أمر هام لأي فريق عمل يأمل في تغيير ثقافة مؤسسته.

كما أن التأسيس لثقافة الجودة في أي مؤسسة يشتمل على تخطيط ونشاطات خاصة لكـل وحـدة تنظيمية تأخذ بالاعتبار الحالات العاطفية أو الإنفعالية التي يمـر بها العـاملون، الأمـر الـذي يتطلـب ضرورة التعرّف على تلك الحالات ليس فقط للعاملين ولكـن أيضـاً للمـديرين أنفسـهم عندما تكون الخطوات بإتجاه التحوّل نحو تطبيق مفاهيم الجودة الشاملة حتى لا تبقى شعارات يصعب ترجمتها إلى سلوك على أرض الواقع.

وبالتالي لا بـد مـن التعـرّف عـلى **مراحـل العمليـة الانتقاليـة** (التحـوّل العـاطفي أو الانفعـالي أو الوجداني) التي يمر بها العاملون عند البدء في تطبيق مفاهيم الجودة الشاملة:

- المرحلة الأولى: الصدمة

إن أول استجابة عاطفية (انفعالية أو وجدانية) لأي نوع من التغيير هي الصدمة، أمـا الاسـتجابة البشرية الطبيعية الناتجة عن الصدمة فهي الإنكار، والتي تمثل المرحلة التالية.

- المرحلة الثانية: الإنكار

حيث يكون التغيير غير مرغوب لدرجة كبيرة، ويختلف طول مرحلة الإنكار من فرد لآخر، وبغـض النظر عن طول هذه المرحلة فإنها تبقى مرحلة مؤقتة.

- المرحلة الثالثة: الإدراك

في هذه المرحلة الأحداث تفرض نفسها، حيث يبدأ إدراك الحقيقـة شـيئاً فشـيئاً، ثـم يبـدأ الواقع بالتبلور، ويكون الإحباط شائعاً، حيث يحتاج الأفراد إلى كثير من الدعم خلال هذه الفترة.

• المرحلة الرابعة: القبول

عندما يتبلور الإدراك يحدث القبول. والقبول لا يعني الموافقة على ما يحدث، ولكنه يعني أن هناك مشكلة ويجب البحث عن حل لها.

• المرحلة الخامسة: إعادة البناء

إن الاستعداد للاعتراف بأن هناك مشكلة ويجب البحث عن حل لها، يسمح لعملية إعادة البناء بأن تبدأ، وخلال هذه المرحلة يحتاج الأفراد إلى كثير من الدعم أيضاً.

• المرحلة السادسة: الفهم

عندما يتم إنجاز مرحلة إعادة البناء تبدأ مرحلة الفهم، وفيها يتمسك الأفراد بالتغيير ويتعاملون معه بنجاح.

• المرحلة السابعة: الاسترداد أو الاستعادة

ويمكن أن نسميها أيضاً " مرحلة الشفاء والعودة إلى الوضع السويّ "، وفيها يعود الأفراد إلى حياتهم الطبيعية ويتكيّفون مع التغيير.

وعلى الذين يأملون في إيجاد وترسيخ ثقافة للجودة لديهم أن يعوا هذه العملية ويفهموا مراحلها المختلفة، لأن ذلك سيساعدهم عند محاولتهم الانتقال من الثقافة المؤسسية التقليدية إلى ثقافة الجودة.

خطوات التحوّل نحو الجودة الشاملة

فنحن بحاجة إلى تعزيز ثقافة الجودة ونشر الوعي على جميع المستويات، وهذا يتطلب ما يلي[1]:

1. **تحديد التغييرات اللازمة للبدء في تطبيق مفاهيم الجودة الشاملة:**

ثقافة أي مؤسسة هي التي تحدد عادةً كيف يتصرف أفرادها، وكيف يستجيبون للمشاكل، وكيف يتفاعلون مع بعضهم، **فإذا كانت الثقافة السائدة في المؤسسة هي ثقافة الجودة يكون لها مثل هذه الخصائص أو الصفات:**

- الاتصال المفتوح والمستمر.
- الشراكات الداخلية المدعومة بشكل تبادلي.
- أسلوب فريق العمل لفهم المشاكل والعمليات والتعامل معها.
- هاجس التحسين المستمر.
- تفويض السلطة والمشاركة الواسعة للموظفين.
- الرغبة الصادقة في الاستماع إلى العملاء والاستفادة من التغذية العكسية.

إن التقييم الشامل لثقافة المؤسسة الحالية، يحدد عادةً التغييرات التي نحتاج إلى إجرائها لإحداث التحسين المطلوب، وهذه التغييرات يجب أن توضع ضمن قائمة بشكل واضح ومحدد لا يحتاج إلى كثير من الشرح أو التفسير.

2. **تطوير خطة للقيام بتلك التغييرات**

والمقصود هنا تطوير خطة للقيام بالتغييرات التي نحتاجها بعد أن تم تحديدها في الخطوة السابقة، بحيث تأخذ بالاعتبار الأفراد الذين سيتأثرون بهذا التغيير، وضرورة إشراكهم في تطوير خطة للقيام به، تتضمن المهام التي يجب إنجازها، والوقت المناسب

(1) Ibid, P 133 – 136.

للبدء في التنفيذ، والطريقة المثلى للأداء، الأمر الذي يعني أن تشتمل الخطة على جميع هذه العناصر، وضرورة التعامل مع كل عنصر بشكل متكامل وشمولي.

3. **فهم مراحل العملية الانتقالية التي يمر بها الأفراد عند التعامل مع التغيير**

يلعب مؤيدو التغيير دوراً رئيسياً في تنفيذه، حيث يعتمد نجاح ذلك إلى حد بعيد على كيفية أدائهم لهذا الدور. ومن الأمور الأساسية في هذا المجال أن يفهم مؤيدو التغيير مراحل العملية الانتقالية (التحوّل العاطفي أو الانفعالي أو الوجداني) التي يمر بها الأفراد عند التعامل مع التغيير، والتي سبق الإشارة إليها.

4. **تحديد الأفراد الرئيسيين وجعلهم مؤيدين**

إن الأفراد الرئيسيين هم أولئك الذين يجعلون عملية التغيير أكثر سهولة أو صعوبة، وهؤلاء يجب إعطائهم الفرصة الكافية لعرض مبرراتهم وتسجيل جميع اهتماماتهم، وهذه الخطوة يمكن أن تستخدم فيها الحوافز والمكافآت لاستمالة المعارضين وتحويلهم إلى مؤيدين.

5. **تبني أسلوب عاطفي وعقلاني**

قد يفهم الأفراد أو حتى يوافقوا على الأسباب الكامنة وراء التغيير، ولكن نادراً ما يكون الفهم العقلاني كافياً، حيث يميل الأفراد للتفاعل مع التغيير بشكل أكبر على المستوى العاطفي، لذلك لا بد من أخذ الوقت الكافي للتعامل مع الاستجابة العاطفية التي لا بد منها وتحدث عادةً في المراحل الأولى من البدء في عملية التنفيذ.

6. **تطبيق استراتيجيات تقوم على التودد، بدلاً من المواجهة**

إن التودد **Courtship** هو مرحلة في علاقة تتحرك ببطء ولكن بشكل مدروس نحو الهدف المرغوب. وسيكون من الأفضل أن يتم التغيير على

أسس من التـودد، لأن ذلك سـيمكن في النهايـة مـن اسـتمالة المعارضين للتغـيير وكسبهم إلى جانـب المؤيدين.

7. و أخيراً، الدعم و الدعم و الدعم

إن هذه تعتبر مهمة وحاسمة، وتعني دعماً مادياً ومعنوياً. **التخطيط مهم، الاتصال حاسم، ولكـن الدعم أساسي.**

وهنا فإن اقتناع الإدارة العليا يعد أول وأهم مراحل التحول نحو تطبيق مفاهيم الجودة الشاملة ودورها المحوري في إيجاد بيئة ثقافيـة مواتيـة تسـاهم في زيـادة الـوعي لأهميـة الجـودة وعـلى كافـة المستويات، بحيث يكون لديها الاستعداد لعكس التغيير الثقافي على واقع سلوكهم وأفعالهم وقبـل ذلـك جديتها في إحداث التغيير الثقافي للتوافق مع مفاهيم الجودة الشاملة. وبدون تأييد ودعم قـوي لثقافـة الجودة الشاملة تصبح مجرد برنامج جديد ينتظره الفشل.

القيم الأساسية لثقافة الجودة

وأخيراً فقد أشار بعض الكتاب إلى ست قيم أساسية، يمكن الاعتماد عليهـا في بنـاء ثقافـة راسخة للجودة في أي مؤسسة[1]:

1. نحن جميعاً نعمل معاً (مؤسسة، موردون، عملاء)

والمقصود هنا، التعاون المتبادل ما بين الأطراف الثلاثة المشار إليها، والعمـل الجماعـي بانسـجام مـع الآخرين مـن خـلال التركيـز عـلى بنـاء علاقـات مشـاركة طويلـة الأمـد، فالتفاعل بين هذه الأطراف يتطلب المضي أبعد والتفكير بلغة الجودة

---

(1) John A. Woods, **the Six Values of a Quality Culture** from the Quality Year Book – CWL Publishing Enterprises, 1998 Edition.

الشاملة والالتزام التام بالتحسين المستمر من خلال **تبادل المعلومات وتقاسم التوقعات ما بين المؤسسة ومورديها وعملائها** لبناء شراكات راسخة وعلاقات متميزة من أجل الارتقاء بمستوى الأداء، فلا يمكن النجاح بمجموعة من القيم للعاملين في المؤسسة وأخرى للعملاء وثالثة للموردين، **فالقيم لجميع الناس في المؤسسة والذين يتأثرون بها يجب أن تكون مشتركة**، وإلا فإن أي خلل في العلاقة ما بين هذه الأطراف سيعرقل المنظومة، فتعبير **المشاركة Partnership** ينطوي على العمل معاً لمنفعة متبادلة والتركيز على الأهداف المشتركة، وهذا يمثل إحدى الركائز الأساسية في إدارة الجودة الشاملة.

2. لا يوجد رئيس ومرؤوس

فتفويض السلطة والشعور بالمسؤولية والقدرة على الإبداع من قبل العاملين هي أساس النجاح على المدى الطويل.

وبالتالي فإن **إشراك العاملين هو التزام طويل المدى وطريقة جديدة لتسيير العمل وتغيير أساسي في الثقافة**، فالموظف هو أساس العلاقة مع العميل وهو الذي يعمل مع المورد وهو عنصر هام ورئيسي في العمليات وتحسينها.

وفي إطار الجودة الشاملة فإن جميع العاملين في المؤسسة لديهم الصلاحيات للعمل بإتجاه الأهداف المشتركة، فتحقيق الهدف هو مسؤولية الجميع وليس مسؤولية مدير أو مجموعة من المديرين، وبالتالي فإن **ثقافة المشاركة والعمل الجماعي** بشكل متعاون لتحسين العمليات وتلبية حاجات العملاء بشكل أفضل هي **حجر الزاوية في بناء ثقافة راسخة للجودة**. والحديث هنا يشمل بطبيعة الحال جميع العاملين في المؤسسة وعلى كافة المستويات الإدارية.

3. الاتصال أمر حاسم

إن الاتصال هو المفتاح، وهو نقطة حاسمة في إدارة الجودة الشاملة من خلال المساهمة في توفير مزيد من الوضوح للعاملين وكذلك تمهيد السبل للأفكار الجديدة أن

تصل إلى صانعي القرار والقدرة على تبادل المعلومات، الأمر الذي من شأنه أن يساهم في تنمية الشعور بوحدة المجموعة وعمل الفريق والاعتماد المتبادل بين الأفراد والإحساس بالانتماء ويوثق ارتباط العاملين بالمؤسسة، ولا شك أن الثقة أمراً أساسياً لتحقيق النجاح في هذا المجال، فكسرـ الحواجز وتفعيل الاتصال والتواصل في المستوى الإداري الواحد ومع المستويات الإدارية الأخرى من شأنه أن يساعد على إيجاد نظرة شمولية للمؤسسة تفضي إلى تطوّر الفرد وإلى نجاح المؤسسة. فالاتصال المفتوح والثقة المتبادلة جزء من ثقافة راسخة للجودة.

4. الوصول للمعلومات متاح للجميع

وهنا يمكن القول أن أكثر الناس قرباً من العملية هم في موقع أفضل لتحديد وجمع البيانات عنها، وهم أيضاً في موقع أفضل لاستخدام تلك البيانات في تحسين العمليات التي يقومون بها. ولما كانت المؤسسات تحتاج إلى تجميع وتحليل كم هائل

من البيانات في ظل ثورة تكنولوجيا المعلومات والاتصالات، فإن الوصول لهذه البيانات يجب أن يكون متاحاً لجميع العاملين في المؤسسة في الوقت المناسب، ليتم تحليلها واستخدامها في العمليات والأنشطة المختلفة من قبل العاملين كلٌ في مجال عمله ونطاق اختصاصه.

وهنا قد يكون أسلوب فرق العمل وإدارة المشاريع مناسباً لتوفير أقصى درجة من التنسيق وتبادل المعلومات بين وحدات العمل المختلفة في المؤسسة، كما يمكن الاستعانة بالتكنولوجيا الحديثة في هذا المجال التي تتيح لكل فرد في المؤسسة الوصول مباشرةً للمعلومات التي يحتاج إليها للقيام بعمله بكفاءة وفاعلية.

5. التركيز على العمليات

فمن أجل النجاح في تطبيق مفاهيم الجودة الشاملة، يجب على المؤسسة أن تحدد ما هي عملياتها التي تضيف قيمة وتحسّن فعالياتها، حيث تؤثر العمليات مهما كانت على كل فرد في المؤسسة وكل مهمة تنجز.

وتأتي أهمية التركيز على العمليات في تطبيق مفاهيم الجودة الشاملة من كونها تلعب دوراً رئيسياً في تعريف أنشطة العمل والمهام ومتطلبات المخرجات لكل عميل ومتطلبات المدخلات للمورد. **والغاية من كل ذلك هي جعل كل نواحي العمليات متطابقة مع تلك المتطلبات، وهو ما يعني تعديل العمليات وتحسينها بشكل مستمر**، بحيث تستجيب لمتطلبات العملاء وتعزز المسيرة نحو النجاح والتفوّق، بحيث يصبح التحسين المستمر هاجساً يسيطر على تفكير الإدارة وجميع العاملين في المؤسسة.

6. لا يوجد نجاح أو فشل، فهناك تعليم مستمر فقط

إن القيام بأي عمل قد ينطوي على نجاح أو فشل، أما في مجال الجودة الشاملة فإنه يمكن لفشل الجهود السابقة أن يقدّم حلولاً لسير العمل في المستقبل، فالتحسين عملية مستمرة لا تتوقف، والتعلم والخبرات المكتسبة أساسية للنجاح في هذا المجال[1].

وهنا تجدر الاشارة مرة أخرى، أنه عندما تتعامل المؤسسات مع الجودة الشاملة كأية أداة إدارية جديدة، وبعبارة أخرى كإجراء علاجي سريع، فإنها سوف تحكم على جهودها بالفشل قبل أن تبدأ. ولسوء الحظ فإن بعض المؤسسات التي تأخذ بهذا الأسلوب وكنتيجة لفشلها الحتمي تصبح من معارضي الجودة الشاملة كما سبقت الإشارة عند الحديث عن أسباب فشل تطبيق الجودة الشاملة في بعض الأحيان. **لذلك فإن على المؤسسات أن تجتاز التغيير الثقافي أولاً**، حتى تنجح في تطبيق مفاهيم الجودة الشاملة.

───────────────

(1) باتريك تونسنيد وجون جيبهارت، **كيف تحقق الجودة**، ترجمة بيت الأفكار الدولية، الرياض، 1998، ص 73 – 76.

الفصل الثالث

الجودة الشاملة والميزة التنافسية

مقدمة

إحدى نتائج الحرب العالمية الثانية، وما تبعها من تقدم تكنولوجي هو ظهور ما يسمى بالسوق العالمية Global Market. فبعد الحرب، بدأت الدول الصناعية تنظر إلى الأسواق خارج حدودها، فرغم أن الحرب وما نتج عنها عززت هذا الاتجاه، إلا أن التقدم التكنولوجي جعله أمراً ممكناً.

فالتقدّم التكنولوجي في مجال الاتصالات مثلاً، جعل الناس في جميع أنحاء العالم يبدون كالجيران، والتقدّم التكنولوجي في مجال النقل أتاح للمواد الأولية المنتجة في بلد ما أن تستخدم في تصنيع المنتجات في بلد ثانٍ، ومن ثم تباع للمستهلك النهائي في بلد ثالث، وهكذا. ولمزيد من التوضيح، فعلى سبيل المثال فإن الجلد المدبوغ ينتج في استراليا، ويصدّر كمادة خام إلى إيطاليا التي تستخدمه في تصنيع الملابس الجلدية والأحذية وغيرها، ومن ثم يباع في الولايات المتحدة وفرنسا واليابان.

فهذا المثال البسيط، يظهر بوضوح نوع المنافسة التي بدأت تأخذ حيزاً أوسع على المستوى العالمي في ظل انفتاح الأسواق وسياسة تحرير التجارة والعولمة، ومثل هذه المنافسة أصبحت اليوم قاعدة عامة، ومن المتوقع أن تزداد حدتها في الأيام القادمة، وذلك ينطبق على المؤسسات الكبيرة والمتوسطة، وفي مرحلة متقدمة لن تكون هناك مؤسسة مستثناة من المنافسة حتى الصغيرة منها[1].

العلاقة بين الجودة والميزة التنافسية

المؤسسات التي كانت تسعى للمنافسة على المستوى المحلي أو الإقليمي، سوف تجد نفسها في ظل العولمة وانفتاح الأسواق وتحرير تجارة السلع والخدمات مضطرة للمنافسة في كل مكان في العالم. وحتى تستطيع المنافسة على هذا المستوى لا بد أن تتصف منتجاتها سواء أكانت سلعة أم خدمة بمستوى عالٍ من الجودة، وإلا فإنها

---

(1) David L. Goetsch and Stanley Davis, Ibid, P 34 – 68.

سوف تخسر وتضطر للخروج من السوق، وذلك وفقاً للمبدأ الذي سبق وأشرنا إليه: لتـنجح يجب أن تنافس عالمياً، ولتنافس عالمياً يجب أن تنتج سلع أو تقدّم خدمات على مستوى عالٍ من الجودة، ولتنتج سلع أو تقدّم خدمات على مستوى عالٍ من الجودة، لا بد أن تطبـق مفاهيم الجودة الشاملة وتلتـزم بمبادئها.

العوامل الرئيسية التي تؤثر على الميزة التنافسية

ونشير هنا أن تحسين الوضع التنافسي على مستوى وطني مسألة ليست سهلة أبداً، فمـن الممكن أن يحدث ذلك على مستوى مؤسسة أو مجموعة من المؤسسات أو حتى على مستوى قطاع اقتصادي معين، حيث مدخل الجودة الشاملة للقيام بالأعمال يمكن أن يطبق لإعطاء ميزة تنافسية لهذه المؤسسة أو تلك، ولكن تحسين الوضع التنافسي على المستوى الوطني يتطلب أكثر من ذلك بكثير، فهناك العديـد من العوامل التي من الممكن أن تؤثر عـلى الوضع التنافسي- ترتبط بالتشـريعات والقوانين والأنظمـة السائدة التي من الممكن أن يكون لها أكبر الأثر في استقطاب الاستثمارات وتعزيـز القدرات التنافسية لأي دولة من الدول، هذا بالإضافة إلى العوامل الثقافية والاجتماعية عمومـاً، والعوامل المرتبطة بالموارد البشرية على وجه الخصوص، والتي تعتبر عنصراً هامـاً وحاسمـاً، فالأفراد الأكثر معرفـةً ومهارةً وتـدريباً وتعليماً هم الأكثر إنتاجية والأفضل أداءً، وإن كان التعليم والتدريب مهم في حالة المنافسة العالمية، فإن نوعية هذا التعليم والتدريب تصبح هنا أكثر أهمية، فالمؤسسات التي تبـدأ التـدريب الفـوري والمبـاشر على مهارات العمل المتعلقة بما تقوم به هذه المؤسسات وما تقدمه من منتجات وخدمات تنفق أقـل بكثير من تلك التي تبدأ بتعليم المهارات اللازمة الأساسية. وفي هذا المجال فإن الأسرة كذلك تلعب دور رئيسي - إيجابي أو سلبي - في التأثير على اتجاهات الأفراد وقـابليتهم للـتعلم، كـما أن النظام التعليمـي الجيد محدد رئيسي وهام حيث يشكل الإنفاق على التعليم نسبة هامة من دخل الدول المتقدمة، وهذا ما يؤكد على البعد الثقافي الذي كان محور الحديث بالتفصيل في الفصل الثاني من هذا الكتاب.

وبشكل عام، فإن المؤشرات التالية تعتبر حاسمة في تحديد الوضع التنافسي لأي دولة من الدول:

- مستوى المعيشة.
- حجم التجارة الخارجية.
- حجم الاستثمار في البنية التحتية.
- معدلات النمو الاقتصادي.

أما أهم العوامل التي من الممكن أن تؤثر سلباً في الوضع التنافسي لأي دولة من الدول، والتي تعتبر على ارتباط مباشر بالجودة، فهي:

- التركيز على الأرباح قصيرة الأجل.
- ارتفاع التكاليف العلاجية، وهي تلك التكاليف المتعلقة بمعالجة الأخطاء بعد وقوعها.
- ارتفاع تكاليف المنازعات القانونية.

فجميع هذه العوامل تزيد تكلفة الإنتاج دون أن تضيف قيمة.

الموارد البشرية والوضع التنافسي

ولعل أكثر الموارد أهميةً في تعزيز الوضع التنافسي لأي دولة من الدول هي الموارد البشرية، فالعنصر البشري محور العمل وهدفه الأساسي وهو عنصر هام ومحوري في تعزيز الوضع التنافسي. ولتوضيح ذلك يمكن الإشارة للتجربة اليابانية والتجربة الالمانية بهذا الخصوص، والتي قامت بشكل رئيسي على ما يلي:

- التنسيق بين أصحاب العمل والعاملين والحكومة.

- الاهتمام بالتدريب والتعليم.

- التمكين وتفويض السلطة.

- القيادة على جميع المستويات.

- العمل الجماعي.

وهذه العوامل مجتمعةً تمثل مبادىء رئيسية في إطار الجودة الشاملة، كما سبق وأشرنا. وهنا نركز على النقطة الأولى بشكل خاص، حيث كانت بداية التحوّل الحقيقي والتي تمثلت في أهمية التنسيق بين كافة القطاعات الإنتاجية (الحكومة وأصحاب العمل والعاملين)، وضرورة تحديد الأدوار بشكل واضح ومحدد، بحيث تتكامل ولا تتعارض في سبيل رفع الكفاءة وتحقيق الأهداف على جميع المستويات الفردية والمؤسسية والوطنية.

أما التعليم والتدريب فإنه يرتكز على عدة مسارات بدءً من التعليم الابتدائي والثانوي - كما في النموذج الياباني على وجه الخصوص، وصولاً الى تطوير المهارات الفنية وأهمية التحصيل التعليمي - كما في النموذج الالماني. ففي كلٍ من اليابان والمانيا، القيادة تمارس على جميع المستويات الإدارية، وهو مبدأ أساسي لنجاح التمكين وتفويض السلطة، وهنا فإن موظفي الخط الأمامي ليس بأقل أهميةً عن العاملين في كافة المستويات الأخرى، بل قد تزداد أهميتهم باعتبارهم مرآة المؤسسة وأول محطة تعكس جودة ما يتم من عمليات وعلى كافة المستويات الأخرى. وهنا أيضاً تبرز أهمية مشاركة كافة العاملين في تخطيط الإنتاج وتصميم العمليات وفي استخدام وتطوير التكنولوجيا المناسبة وفي تحديد مستويات الأجور، وليس فقط في تنفيذ ما يطلب منهم من أعمال.

وفي دول العالم المتقدم عموماً فإن القطاعين العام والخاص يعملان معاً لتحقيق ميزة تنافسية على المستوى العالمي، وهذا التعاون يظهر بوضوح من خلال التشريعات والقوانين والأنظمة، وكذلك من خلال السياسات المتعلقة بالأجور والحوافز، والبحث والتطوير، والتعليم والتدريب، وما يقدّم من تسهيلات وتجهيزات وبنية تحتية على مستوى الدولة ككل.

وبشكل عام، يمكن القول أن هناك مجموعة من العناصر التي تعتبر أساسية في تحسين الوضع التنافسي لأي دولة من الدول، لعل أهمها:

- الاستثمار في البحث والتطوير.

- التوسع في التصنيع.

- ضبط ومراقبة ممارسات الأداء الأفضل – الممارسات المثلى لغايات الاستفادة منها.

- توفير بنية تحتية مناسبة.

- الاستثمار في التكنولوجيا.

- زيادة حجم الصادرات.

- تحفيز الاستثمار.

- الاصلاح الإداري.

- تطوير النظام التعليمي والاهتمام بالبعد الثقافي.

الفصل الرابع

نظرة عامة على أدوات الجودة الشاملة

مقدمة

لقد مضى ذلك الوقت الذي كانت تجري فيه عملية تصميم المنتج، وبعد ذلك تجري محاولة فحصه، ومن ثم تعديله حتى يكون قابلاً وبشكل نسبي لأداء الغرض الذي صمم من أجله. ففي إطار الجودة الشاملة، المنتجات والخدمات الجديدة تصمم بمشاركة كاملة مــن قبـل كافة الأطـراف ذات العلاقة في عـملية تعـرف بـ "الهنـدسـة المتزامـنة – Concurrent Engineering". وهـذا يضمن عند الانتقال من التصميم إلى الإنتاج (التصنيع للسلعة والتقديم للخدمـة) أن يكون قـابلاً للتطبيـق، وبالتالي لم تعد هناك حاجة لجيش من الفاحصين، فالأفراد الذين يقومون بالعمل سوف يقومـون بـذلك كلما تقدموا من مرحلة إلى أخرى.

ومن هنا تأتي أهمية أدوات الجودة الشاملة Total Quality Tools، فعمليـة التحسـين المسـتمر سوف تضمن ليس فقط أن المنتج يقابل توقعات العملاء، ولكنها سوف تضمن أيضاً أن التحسين مستمر طالما أن الإنتاج مستمر. ولكي يحدث هذا، فإن على جميع الأفراد المشـمولين في العمليـة أن يسـتخدموا بعض الأدوات التي تساعدهم أثناء قيامهم بذلك. **وسوف نبين فيما يـلي أكثر أدوات الجودة الشاملة استخداماً في هذا المجال ..**

ماهية أدوات الجودة الشاملة [1]

يسـتخدم المهنيـون – وعـلى سـبيل المثال النجارون – مجموعـة مـن الأدوات المصممة لأغراض محددة، والتي تمكنهم من أداء عملهم بالشكل المطلوب، **وهـي في معظم الأحيان أدوات مادية Physical Tools.**

---

(1) David L. Goetsch and Stanley Davis, Ibid, P 362 - 406.

فما هي الأدوات التي تمكن المؤسسات التي تأخذ بمفهوم الجودة الشاملة من القيام بعملها بالشكل المطلوب، بحيث لا تستطيع القيام بذلك دون استخدام بعض أو جميع هذه الأدوات.

والتي تكون في معظمها أدوات عقلية أو فكرية Intellectual Tools بعكس الأدوات التي يستخدمها المهنيون ومنهم النجارون على سبيل المثال، فهي ليست خشب ولا مسامير ولا تحتاج إلى استخدام قوة العضلات، ولكنها أدوات لجمع البيانات وعرض المعلومات بطريقة تساعد العقل البشري على فهم وإدراك الأفكار والاهتمامات التي لو طبقت على العمليات فإنها سوف تؤدي إلى نتائج أفضل. والأدوات السبع التي سوف نشير إليها لاحقاً تلقى قبولاً عاماً كأدوات أساسية للجودة الشاملة، وهناك من يضيف أدوات أخرى، ولكن هذه الأدوات السبع تعتبر أهمها وأكثرها شيوعاً.

ومن الأدوات الأخرى ما يسمى بأسلوب " في الوقت المحدد تماماً Just in Time "، ورقابة العمليات الإحصائية Statistical Process Control، ولكن في الواقع فإن هذه أكثر من مجرد أدوات فهي نظم عمل متكاملة في ظل الجودة الشاملة.

وهنا نعود فنؤكد أن الأداة في إطار الجودة الشاملة هي مثل المنشار عند النجار أو المطرقة عند الحداد، بمعنى أنها موجودة لأداء غرض معين. إذ لا بد أن تؤدي هذه الأدوات إلى تحسين مستمر في العمل، وإلا فإنها لن تكون أدوات للجودة الشاملة.

وجميع هذه الأدوات هي شكل من أشكال الرسوم البيانية أو الخرائط لجمع وعرض أنواع محددة من البيانات.

ومن خلال الجمع والعرض، فإن تحويل تلك البيانات إلى معلومات مفيدة تصبح عملية أكثر سهولة - معلومات يمكن استخدامها في حل المشاكل، تتبع العمل الذي يمكن القيام به، التنبؤ بالأداء، واتخاذ العديد من القرارات.

وميزة هذه **الرسوم البيانية أو الخرائط** هو أنها تسهم في تنظيم عملية جمع البيانات وعرضها بطريقة تسهل إدراك الرسالة وفهمها بشكل مباشر. وبدون هذه الرسوم البيانية أو الخرائط فإن ذلك سيكون غير ممكن في ظل تدفق مقدار وافر من البيانات يومياً في مكان العمل.

وفيما يلي عرضاً موجزاً لأهم أدوات الجودة الشاملة:

1. خريطة باريتو **The Pareto Chart**

وهي أداة مفيدة جداً، ليس فقط حيثما يستلزم الإنتاج، ولكن أيضاً حيثما نحتاج إلى فصل القليل المهم عن الكثير العادي، وقد سميت بذلك نسبة إلى الاقتصادي وعالم الاجتماع الإيطالي **Vilfredo Pareto** (1848 - 1923) الذي طوّر نظرية أن الأكثرية من المشاكل تنتج عن الأقلية من الأسباب **(80% من المشاكل تنتج عن 20% من الأسباب)**، وهذا ما يعرف بـ " مبدأ باريتو - **Pareto Principle** ".

وتكمن أهمية خريطة باريتو في أنها تساعد المؤسسات في تقرير أين تخصص مواردها المحدودة أصلاً، عن طريق تمييز القليل المهم من الكثير العادي.

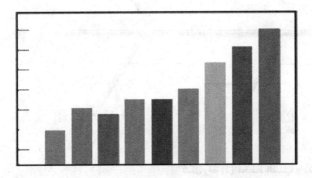

2. مخطط عظم السمكة **The Fishbone Diagram**

طوّر هذه الأداة خبير الجودة الياباني ايشيكاوا، ويسمى أيضاً مخطط السبب والأثر **Cause and Effect Diagram**، وهي الأداة الوحيدة من بين أدوات

الجودة الشاملة الأساسية التي لا تعتمد على الأساليب الإحصائية. **وقد سميت بذلك لأنها تشبه شكل العمود الفقري للسمكة**، وتقوم على تحديد وعزل أسباب المشاكل الأمر الـذي يسـهل عمليـة متابعتهـا والعمل على معالجتها.

ومما تجدّر الإشارة إليه، أن الجهد الرئيسي من قبل الفريـق يكـون في تطـوير قائمـة مـن العوامـل المحتملة، وقد تستخدم هنا أساليب العصف الذهني، وبعد تجميع هذه القائمة جميع أعضـاء الفريـق يساهمون بمعرفتهم وخبرتهم في وضع هذا المخطط.

ونورد فيما يلي مثالاً على مخطط عظم السمكة أو مخطط السبب والأثر، يتضمن مجموعـة مـن العوامل التي قد تكون سبباً في تدني نسبة رضا العملاء:

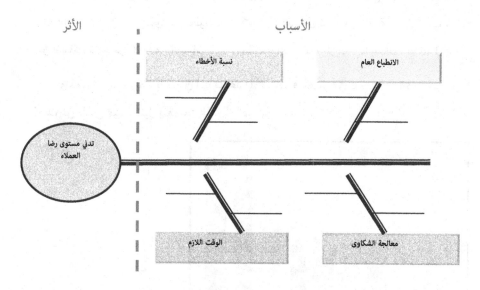

شكل رقم (2) مخطط السبب والأثر

3. قائمة التحقق   The Check Sheet

وهي الأداة الثالثة من أدوات الجودة الشاملة الأساسية، وتهدف إلى تسهيل عملية جمع البيانـات لأغراض محددة، وتسهيل عملية تحويل هذه البيانات إلى معلومات مفيدة،

بحيث تصبح عملية جمع البيانات وسيلة وليست غاية، فالبيانات أصبحت الآن متاحة بكميات هائلة في ظل ثورة الاتصالات وتكنولوجيا المعلومات، ولكن المهم كيف نستطيع الاستفادة من هذه البيانات بأقصى درجة ممكنة وكيف نستطيع أن نستخدم هذه البيانات بشكل أمثل يتيح تحويلها إلى معلومات تحقق الدرجة القصوى من الفائدة.

ولا شك أن قائمة التحقق تساعد في ذلك عن طريق تسهيل عملية الحصول على بيانات واضحة ومحددة وفق معايير معينة تساعد على الاستفادة منها لأغراض مختلفة.

4. المدرج التكراري   The Histogram

ويسمى أيضاً الرسم البياني للتوزيع التكراري Frequency Distribution Diagram، وهو عبارة عن مقياس مدرج تمثل فيه الفئات على المحور الأفقي والتكرارات على المحور العمودي، ثم نقيم من كل فئة عمود يتناسب وتكرارات تلك الفئة، فنحصل على مستطيلات على شكل مدرجات تكرارية، حيث يمثل عرض المستطيل مدى الفئة وطول المستطيل عدد التكرارات، وهنا نشير إلى نوعين من البيانات:

النوع الأول: بيانات تتعلق بالصفات أو الخصائص – كونها موجودة أو غير موجودة في المنتج (سلعة أو خدمة)، جيد أو غير جيد، نجاح أو فشل، قبول أو رفض.

النوع الثاني: بيانات تتعلق بالمتغيرات، وهذه تتعلق بقيم معيارية مثل الحجم، الوزن، ... الخ.

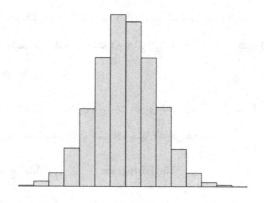

شكل رقم (3) المدرج التكراري

5. **الرسم البياني للانتشار (أو التشتت)**   Scatter Diagram

وهو أكثر أدوات الجودة الشاملة الأساسية سهولة وبساطة، حيث يستخدم لتحديد **نوع واتجاه العلاقة بين متغيرين**، وذلك بهدف تكوين فكرة أولية عـن هـذه العلاقـة، والتـي أمـا أن تكـون خطيـة موجبة أو خطية سالبة أو علاقة غير خطية وقد لا توجد علاقة. وعلى سبيل المثال فإن الشـكل التـالي يمثل علاقة خطية موجبة، أي أن الزيادة في المتغير الأول يقابلها زيادة في المتغير الثاني بـنفس الاتجـاه، وهكذا.

شكل رقم (4) الرسم البياني للانتشار

علاقة خطية موجبة

6. خرائط التشغيل وخرائط الرقابة   Control Charts & Run Charts

وتشير خريطة التشغيل Run Chart إلى نتائج العمليات عبر الزمن، لهذا السبب تسمى أحيانا خريطة الاتجاه Trend Chart، ونقطة الضعف فيها أنها لا تحدد أي الانحرافات عادي وأي الانحرافات غير عادي.

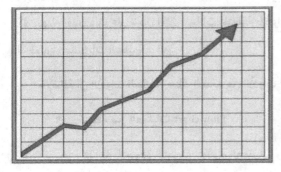

شكل رقم (5) خريطة التشغيل

وهذا ما أعطى خريطة الرقابة Control Chart أهمية أكبر، حيث ترسم البيانات ضمن حدود دنيا وحدود عليا وهناك متوسط للعمليات، والانحرافات التي تقع ضمن هذه الحدود على الرغم من انحرافها عن خط المركز (المتوسط) تعتبر طبيعية ..

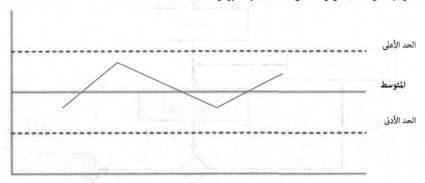

شكل رقم (6) خريطة الرقابة

7. تصنيف البيانات وتبويبها   Stratification

وهي أداة بسيطة تستخدم لتقصي ـ أو البحث في سبب المشكلة عن طريق تصنيف البيانات وتبويبها في فئات وفقاً لعوامل أو خصائص مشتركة، الأمر الذي يجعل عملية فهمها والاستفادة منها أكثر سهولة. ومن ذلك على سبيل المثال البيانات المتعلقة بالأفراد وفقاً للفئات العمرية، أو مستويات الدخول، أو مستويات التعليم، ... الخ.

بالإضافة الى الأدوات السابقة، هناك العديد من الأدوات الأخرى، ومنها على سبيل المثال:

● خريطة سير العمليات Flow chart

وتستخدم في إطار الجودة الشاملة لتوثيق العمليات وتحديد خطوات العمل بشكل واضح ومحدد، حيث تعرّف العملية بأنها سلسلة / مجموعة نشاطات مترابطة ومتداخلة يتم من خلالها تحويل المدخلات إلى مخرجات.

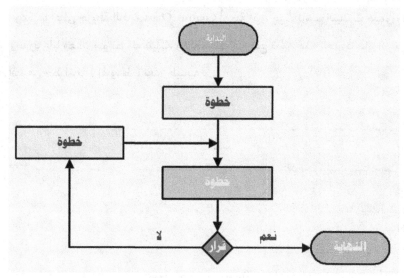

شكل رقم (7) خريطة سير العمليات

- **المسوحات واستطلاعات الرأي Surveys**

وتستخدم كأداة للتحسين المستمر عن طريق الحصول على البيانات من مصادر مختلفة غير المصادر المعتادة، كنوع من التغذية الراجعة Feedback في مجال المشكلة المراد البحث عن حل لها. ومن الأمثلة على ذلك استبيانات رأي الموارد البشرية، استبيانات رأي العملاء، استبيانات رأي المجتمع.

- **جلسات العصف الذهني Brainstorming Sessions**

وتستخدم هذه الأداة في إطار الجودة الشاملة لمساعدة جماعات التركيز Focus Group على توليد الأفكار عن الأسباب والحلول الممكنة لمشكلة ما أو ظاهرة معينة، ولها قواعد خاصة يجب مراعاتها، ومن ذلك على سبيل المثال حث المشاركين على قول أي شيء في خاطرهم، عدم تقييم أفكار الآخرين، الاستفادة من جميع الأفكار، وغيرها.

وبطبيعة الحال، فإن هناك العديد من الأدوات الأخرى، ولكن تبقى هذه أهم أدوات الجودة الشاملة وأكثرها شيوعاً.

الفصل الخامس

تخطيط جودة المنتجات والخدمات

مقدمة

تتطلب إدارة الجودة الشاملة استمرارية واهتماماً منذ البداية، في مراحل التصـميم الأولى للمنتج أو الخدمة.

وسنحاول في هذا الفصل التركيز على مرحلة مهمة من مراحل الاهتمام بـالجودة، والتي تبـدأ مـع التخطيط للمنتج أو الخدمة، بكل ما تتصف به من خصائص ومزايا لجعلها مختلفة وأفضل في مسـتوى جودتها، مع ضرورة الأخذ بالاعتبار أنه لا يمكن الاعتماد على هذه الخصائص والمزايا إلى مـا نهايـة، إذ لا بد من البحث باستمرار عن مزايا أخرى، فإيجاد مزايا ثابتة ودائمة في سوق تـزداد فيهـا حـدة المنافسـة يوماً بعد يوم أمر في غاية في الصعوبة، إن لم يكن مستحيلاً[1].

مراحل التخطيط لجودة المنتجات والخدمات[2]

1. تحديد الهدف

أي عمل يبدأ بتحديد الهدف، حيث يتدرج هذا الهدف إلى مجموعة من الأهداف الفرعيـة، فـإذا كان الهدف الرئيسي رضا العميل مثلاً، فسنجده يتفرع إلى أهداف فرعية أخرى مثل سعر شراء منخفض للمواد والمستلزمات، تكاليف تشغيل وصيانة قليلة، عمليات كفـوءة، وسـائل اتصـال فعّالة وهكـذا. ويلاحظ هنا أن تحديد الأهداف هو المدخل الرئيسي لعمليـة تخطيط الجودة للمنتجـات والخـدمات، حيث تعتبر الأهداف التي يتم تحديدها في هذه المرحلة مدخلات للمرحلة التالية وهى تحديد العميل.

---

(1) فليب كوتلر، **كيف تنشيء الأسواق وتغزوها وتسيطر عليها**، ترجمة فيصل عبدالله بابكر، الطبعة الأولى، الرياض، مكتبة جرير، 2000، ص 114 – 117.

(2) جوزيف م. جوران، **تخطيط جودة المنتجات والخدمات – دليل جوران إلى تصميم الجودة**، خلاصات كتب المدير ورجل الأعمال، السنة الأولى (العدد الثامن عشر)، سبتمبر (أيلول) 1993.

2. تحديد العميل

يقصد بالعميل هنا، كل من له علاقة ويمكن أن يـؤثر أو يتـأثر بالأهـداف التـي تم تحديـدها في المرحلة الأولى. لذلك فقد تم اعتبار العميل الـداخلي مستهدفاً تماماً مثل العميل الخـارجي في إطار الجودة الشاملة، وكلاهما له علاقة ويمكن أن يـؤثر أو يتـأثر بتلك الأهـداف، فالعملاء الـداخليون هـم جميع العاملين في المؤسسة والذين لهم علاقة أما مباشرة أو غـير مباشرة في تحقيـق أهـداف الجودة، حيث يعبرون عن جودة الأفراد والعمليات والبيئة المحيطة، فهم من يصنع الجـودة فعلياً، أمـا العملاء الخارجيون فهم محور العمل والهدف الأساسي لجودة المنتجات والخـدمات، وبعبارة أخرى هـم مـن يستفيد من الجودة.

وما يهم في هذه المرحلة هو تحديد العملاء الأكثر تأثيراً على تحقيق الأهداف وفقاً لمبدأ بـاريتو أو ما يسمى بـ " قانون الأقلية الهامة والغالبية غير الهامة " الـذي سبق الإشارة إليه عند الحـديث عـن أدوات الجودة الشاملة، حيث يمكن أن يساعد المؤسسة على تقرير أين تخصص مواردها المحدودة عـن طريق تمييز القليل المهم من الكثير العادي. وبشكل عام، فإن عملية تحديد العملاء تعتبر مهمـة صعبة وتتطلب الكثير من الجهود، حيث لا يوجد مؤسسة في الواقع العملي تستطيع أن تلبي احتياجـات كافة العملاء والاستجابة لتوقعاتهم بنفس الدرجة من الاهتمام، ولهذا فإن تجزئـة السـوق إلى قطاعـات مـن العملاء الذين لهم نفس الحاجات ويتصفون بدرجـة عاليـة مـن التماثل والتجانس قـد يكون أسـلوباً مناسباً، ويساعد المؤسسة على تحديد القطاع الذي يمكن أن تخدمه بفاعلية[1].

───────────────

(1) ناجي معلا، استرتيجيات التسويق في المصارف والمؤسسات المالية، الطبعة الأولى، عمان، 1995، ص 67 – 68.

3. تحديد احتياجات العميل

بعد تحديد العملاء، تأتي مرحلة تحديد الاحتياجات لهؤلاء العملاء وهي مرحلة هامة وحاسمة، حيث تعتبر الأساس في تحديد مستوى الجودة المستهدف للمنتجات أو الخدمات المقدمة.

وعلى سبيل المثال، يتحدد مستوى جودة المنتج أو الخدمة في المصارف بمدى تلبية احتياجات العملاء من حيث المنافع والمزايا، الدقة والسرعة، السهولة والوضوح، طريقة التعامل، الانتشار ومنافذ التوزيع، حيث تسهم هذه العناصر في توفير منتجات وخدمات مصرفية بمستوى عالٍ من الجودة. في حين يتحدد مستوى جودة الخدمة في شركات الطيران مثلاً بمدى تلبية احتياجات المسافرين ومنها الإقلاع في الوقت المحدد والخدمة الممتازة داخل الطائرة ووصول الحقائب سليمة واعلام المسافرين بكل تفاصيل الرحلة قبل وأثناء الطيران وحتى بعد الوصول، وهكذا.

4. تحديد مواصفات المنتج أو الخدمة

بحيث تلبي احتياجات العملاء وتستجيب لتوقعاتهم، ولا شك أن الفضل في ذلك يرجع بشكل أساسي إلى تاجوشي الذي يعتبر أحد أهم الرواد الذين ساهموا في تطوير وتحسين الجودة في هذه المرحلة المهمة من مراحل العمل، حيث يرجع إليه الفضل في وضع أسس التصميم للمنتج أو الخدمة منذ سنوات عديدة مضت، كما يعتبر النظام الشامل الذي وضعه لهندسة الجودة احدى أكبر وأهم الإنجازات في القرن الماضي، حيث أدخل طريقة جديدة متكاملة لحل مشاكل تطوير التصميم بالاستعانة بأسلوب تصميم التجارب الإحصائي، والذي يساعد على اتخاذ القرار السليم في المراحل الأولى للتصميم التي تعتبر من أهم المراحل التي يتم فيها تحديد ملامح ومواصفات المنتج أو الخدمة، بحيث يراعى فيها على سبيل المثال لا الحصر:

- احتياجات العملاء.

- طبيعة السوق وحجم المنافسة.

- حجم الاستثمار المطلوب.

- القابلية للبيع.

- الاستمرارية.

- الفترة الزمنية اللازمة.

- اعتبارات الأمان والسلامة.

- الاعتبارات القانونية.

- الاعتبارات الاجتماعية والثقافية.

وهنا فإن على المؤسسات أن تتخذ الخطوات اللازمة والضرورية للتأكد من ذلك، وبحيث تراعي مشاركة جميع العاملين لما لها من أثر على زيادة احتمالية القرار الجيد، الخطة الأفضل، التصميم الأنسب، ويعزز التزامهم وحرصهم على نجاح المنتج أو الخدمة التي شاركوا في تخطيطها والتصاميم الأولية لها منذ البداية.

5. تحديد ملامح العمليات

بعد تحديد مواصفات المنتج أو الخدمة، لا بد من تحديد ملامح العمليات التي تؤدي إلى المواصفات المطلوبة، بما في ذلك اختيار الافراد وتدريبهم وتحفيزهم، وتقييم الموردين بهدف ضمان جودة المدخلات من مواد ومستلزمات وغيرها، الأمر الذي يستدعي تحليل جميع هذه العمليات وتوفير الموارد اللازمة.

ولا شك أن كفاءة العمليات تلعب دوراً حاسماً في تحديد جودة ما ينتج من سلع وما يقدّم من خدمات، حيث تعتبر النتائج المتحققة مؤشراً لجودة العمليات التي تتم داخل المؤسسة.

ومما تجدر الإشارة إليه كذلك في هذه المرحلة ضرورة التوافق بـين تصـميم العمليات مـن ناحيـة والأهداف الموضوعة من ناحية أخرى، مع الأخذ بعين الاعتبار أن العمل الجماعي بشكل تعاوني لتحسين العمليات وتلبية احتياجات العملاء بشكل أفضل هو حجر الزاوية في إطار الجودة الشاملة، والحـديث هنا يشمل جميع العـاملين بطبيعـة الحـال وعـلى كافـة المسـتويات الإداريـة. كـما ويعنـي ذلـك ضبط العمليات والتحكم بها، بحيث يتم تقييمها بشكل مستمر واتخاذ قرار تحسينها ومعالجة أية انحرافـات قد تحدّث بين وقت وآخر. وفي كثير من الأحيان قد يتم الحكم على جودة بعض العمليات مـن خـلال تقييم جـودة المنتجـات والخـدمات المقدمـة، فقـد تكـون الانحرافـات مـؤشراً يتطلـب اتخـاذ إجـراءات تصحيحية في بعض العمليات بهدف تحسينها وتبسيطها.

وبقي أن نشير هنا إلى تعريف العمليات بأنها سلسلة إجراءات وخطـوات (نشـاطات) تحـدد لهـا مدخلات من الموارد المختلفة (مادية وبشرية) تضمن تقديم خدمة أو منتج أو إنجاز عمل معين.

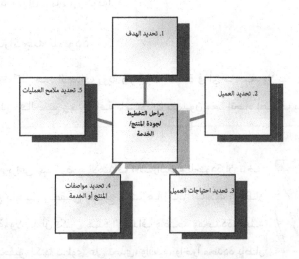

شكل رقم (8) مراحل التخطيط لجودة المنتج/الخدمة

التخطيط الاستراتيجي للجودة

ويعتبر من أهم عناصر مدخل الجودة الشاملة للقيام بالأعمال، حيث يتضمن نظرة بعيدة المدى بالنسبة لوضع المؤسسة في مجال الجودة، باعتبارها استثمار وليست عصا سحرية أو حل سريع، الأمر الذي يعني أنها تتطلب وقتاً وموازنة مناسبة وتخطيطاً دقيقاً، تبدأ أولى خطواته بتشكيل لجنة عليا أو فريق للجودة يشترك في عضويته ممثلين من كافة وحدات العمل في المؤسسة، ويختص بوضع سياسات الجودة التي لا بد أن تركز على زيادة رضا العملاء، وتترجم على أرض الواقع حتى لا تبقى مجرد شعارات.

هذا وقد ظهرت في الآونة الأخيرة اتجاهات متزايدة نحو استحداث وحدات متخصصة في المؤسسات تتولى الاشراف على تخطيط وتنفيذ كل ما يتعلق بأمور الجودة، وخصوصاً بعد ظهور العديد من الجوائز في هذا المجال، كما سنرى لاحقاً.

الأهداف الاستراتيجية للجودة

إذ لا بد أن تعكس هذه الأهداف رؤية وتوجهات القيادة في أي مؤسسة، ولا بد أن تنسجم كذلك مع أهداف العاملين، فالجميع وعلى كافة المستويات يعملون معاً اتجاه أهداف مشتركة في إطار الجودة الشاملة.

وبشكل عام يراعى عند وضع الأهداف الاستراتيجية للجودة أن تأخذ بالاعتبار الاهتمام بالعميل وتحقيق النتائج باعتبارها ركائز أساسية في إطار الجودة الشاملة، ولا بد أن تكون هذه الأهداف واضحة ومحددة، قابلة للقياس، قابلة للتحقيق لكنها تنطوي على تحدّي، واقعية، واخيراً محددة بإطار زمني. أو ما يمكن أن نطلق عليه الأهداف الذكية SMART Goals.

جدول رقم (2)

صفات الأهداف الذكية

الأهداف الذكية - SMART Goals		
S	Specific	أن يكون الهدف محدداً
M	Measurable	أن يكون قابلاً للقياس
A	Achievable	أن يكون قابلاً للتحقيق
R	Realistic	أن يكون واقعياً
T	Time Bounded	أن يكون له إطار زمني

أسس التخطيط الناجح للجودة

يرتكز التخطيط الناجح للجودة بشكل عام على ثلاثة أسس، هي ما يلي:

1. **قواعد البيانات**

كما سبق وأشرنا، فإن أكثر الناس قرباً من العمليات هم في موقع أفضل لتحديد وجمع البيانات عنها، وما لم تحوّل هذه البيانات إلى معلومات والتي تحوّل بدورها إلى معرفة تستخدم في تحسين العمليات فإن أكثرها سيضيع هباءً. والعبرة دوماً ليست بوجود المعلومات، وإنما أيضاً بتوافر مقومات استثمارها، ولا تقتصر مقومات الاستثمار على الجوانب الإدارية والفنية، وإنما تشمل كذلك المستفيد الواعي والحريص. وفي إطار الجودة الشاملة فإن الوصول للمعلومات يجب أن يكون متاحاً لجميع العاملين في المؤسسة وعلى كافة المستويات ليتم استخدامها من قبلهم، كلٌ حسب طبيعة عمله ونطاق اختصاصه.

ولا بدّ من الاشارة للمعلومات هنا باعتبارها البيانات التي يتم تنظيمها ومعالجتها وتحليلها لتحقيق هدف معين أو لاستخدام محدد. وجدير بالذكر كذلك أنه برز في الآونة الأخيرة اهتمام متزايد بالمعرفة باعتبارها معلومات منظمة قابلة للاستخدام في

حل مشكلة معينة، أو هي معلومات مفهومة ومحللة ومطبقة[1]. وبشكل عام يمكن التمييز بين نـوعين من المعرفة هما المعرفة الصريحة Explicit Knowledge وهي معرفة " مقننة " تنتقل من شخص لآخر بطرق منهجية ومنظمة من خلال الوثائق والنماذج والمعادلات والرسومات والبرامج والصور وغير ذلك. والمعرفة الضمنية Implicit Knowledge وهي معرفة شخصية موجودة لدى الفرد تعتمد على الخبرات والتجارب والأحاسيس وغيرها " كنماذج عقليـة " يعـبر عنهـا مـن خلال المفاهيم والصور والمعتقدات ووجهات النظر والقيم والمبادىء، وتتضمن ايضاً عنصراً فنياً يشـمل مهارات ملموسـة وخبرات عمليـة مكتسبة بالممارسة. ولعل من بين أهداف إدارة المعرفة في المؤسسات هو جعل المعرفة ظاهرة ومرئيـة بدرجة أكثر وضوحاً[2]، حيث أصبح من أهم الأشياء التي تعطي المؤسسة ميزة تنافسية في وقتنا الحاضر هو ما تعرفه، وكيف تستخدم ما تعرفه وإلى أي مدى يمكنها أن تعرف شيئاً آخر جديد وبسرعة، **فقـد أصبح تجديد المعارف هو مفتاح اكتساب الميزة التنافسية.**

2. التوعية والتحفيز

حيث تشكل الخطوة الأولى لجعل كل عضو في المؤسسة يتفهم مـدى أهميـة الجـودة وانعكاس ذلك على رضا العملاء، وتخفيض التكاليف، وتعزيز المركز التنافسي. وفي إطار الجودة الشاملة يكون مـن المهم توعية وإشراك جميع العاملين من قمة الهرم الوظيفي حتى قاعدته، فالجودة ليست واجباً قـابلاً للتكيف بل أمر يجب أن يجذر ويتمأسس في كل عملية، إنها مسؤولية كل فرد في المؤسسة.

---

(1) نجم عبود نجم، **إدارة المعرفة – المفاهيم والاستراتيجيات والعمليات**، الوراق للنشر والتوزيع، الطبعة الثانية، عمّان، 2008، ص 21 – 26.

(2) عبد الرحمن توفيق، **الإدارة بالمعرفة – تغيير ما لا يمكن تغييره**، مركز الخبرات المهنية للإدارة، القاهرة، 2004، 187 – 188.

ولكي نحفز العاملين لا بد من توعيتهم وتعريفهم بأهمية الجودة وتقديمها لهم على شكل خطوات منطقية يسهل على الجميع فهمها، ويتضمن التحفيز أيضاً إزالة العقبات التي يمكن أن تعترض تطبيقها، والنتائج المترتبة على عدم الاهتمام بها.

3. التعليم والتدريب

بحيث يشمل جميع العاملين كذلك وعلى كافة المستويات باعتباره أحد أعمدة التحسين في إطار الجودة الشاملة، وباعتبار العاملين مورد هام وحيوي لا بد من استثماره، وإن أول وأهم مسألة في هذا المجال تتمثل في بناء الأفراد وليس استخدامهم- فإذا لم يستطيع العاملون تحسين الجودة فلن يتم ذلك. وهنا فإن على المؤسسات أن تقرر بشأن أمور مثل نوع التدريب الذي تحتاجه؟ من يجب أن تدرب؟ كيف تقوم بالتدريب؟ كيف تعرف أن التدريب فعّال؟ كيف تحسّن عملية التدريب؟

فالتعليم والتدريب ليس خياراً بل ضرورة حتمية. ومن الأهمية بمكان إعطاء الجودة الأولوية في خطط التدريب، وضرورة انعكاس ما ينفذ من برامج تدريبية على الأداء، وبما يسهم في التحسين المستمر على مستوى الأفراد العاملين والمؤسسة بشكل عام.

وبقي أن نشير إلى مبادىء أساسية بهذا الخصوص [1]:

1. الجودة تأتي أولاً

لتحقيق رضا العملاء وتجاوز توقعاتهم، فإن جودة المنتجات والخدمات يجب أن تكون رقم واحد من حيث الأولوية.

2. العملاء محور الاهتمام في كل عمل نقوم به

عندما نقوم بالعمل، يجب أن يكون محور تفكيرنا العملاء وكيفية تزويدهم بمنتجات وخدمات أفضل مما يقدمه المنافسون.

3. التحسين المستمر أساس النجاح

يجب أن نسعى جاهدين للتميز في كل عمل نقوم به، وخصوصاً ما يتعلق بما نقدمه من منتجات وخدمات، وذلك لا يكون إلا من خلال التحسين المستمر.

4. إشراك العاملين منهج عمل وأسلوب حياة

نحن فريق، الثقة والاحترام أساس التعامل.

5. الموردون شركاء

على المؤسسة أن تبني علاقات وثيقة مع الموردين باعتبارهم شركاء.

6. النزاهة ليست اختيارية

وهنا ينظر إلى النزاهة كمسؤولية اجتماعية وليست خياراً يمكن تبنيه أو التغاضي عنه.

وأخيراً، فإن على المؤسسة أن توجه كافة جهودها نحو تحقيق أهدافها من خلال إرضاء العملاء عن جودة ما يقدّم لهم من منتجات وخدمات وفي الوقت والمكان المناسبين.

---

(1) Evertt E. Adam, JR and Ronald J. Ebert, **Production and Operations Management,** Prentice – Hall, Inc. , Englewood Cliffs, New Jersey, 1992, p 594 – 595.

الفصل السادس

النموذج الأوروبي للتميز
The EQFM Excellence Model

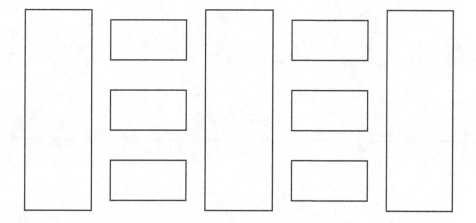

مقدمة

بغض النظر عن حجم المؤسسة وطبيعة عملها لا بد أن يكون لـديها نظـام إداري مناسـب إذا مـا أرادت النجاح، والنموذج الأوروبي للتميز هـو أداة عمليـة تسـاعد المؤسسـات في تحديـد موقعهـا عـلى طريق التميز من خلال تقييم الوضع القائم حالياً لتحديد الفجوات ووضع الحلول اللازمة لتغطية تلـك الفجوات. وبهذا الخصوص فقد أخذت المؤسسة الأوروبية لإدارة الجودة على عاتقهـا البحـث في تطـوير نموذج يقوم على أساس حصر ودراسة الممارسات الجيدة لآلاف المؤسسات داخل وخارج أوروبا والعمـل على صياغتها ضمن معايير ومتطلبات واضحة ومحددة، ومـن ثـم مراجعتهـا وتحـديثها بشـكل مسـتمر يضمن مواكبة التطورات والمستجدات والتحسين المستمر لها، وهو ما أصبح يطلق عليه لاحقاً النمـوذج الأوروبي للتميز محور حديثنا في هذا الفصل، وقد تم اختيار هذا النموذج للحديث عنه باعتبـاره الأكـثر استخداماً وشيوعاً من قبل العديد من الدول حـول العـالم بمـا فيهـا الـدول العربيـة، حيـث تقـوم عليـه العديد من جوائز الجودة والتميز بعد تكييفها بما يراعي خصوصـية وبيئـات الأعـمال المختلفـة في تلـك الدول، وكما سنلاحظ لاحقاً.

المؤسسة الأوروبية لإدارة الجودة

European Foundation for Quality Management - EFQM

تأسست في عام 1988 كمؤسسة غير ربحية تقوم على أسـاس العضـوية بمبـادرة مـن أربـع عشرـة مؤسسة أوروبية رائدة في ذلك الوقت باعتبارها القـوة الرئيسـية المحركـة لإيجـاد والمحافظـة عـلى تميـز المؤسسات الأوروبية وتفوقها حيثما تتواجد في العالم، حيث تعتبر المرجعيـة الأساسـية لهـذا النمـوذج(*) مـن خـلال تـوفير المعـايير والمتطلبـات الأساسـية لتحقيـق التميـز في الأداء وقيـاس مـدى نجـاح هـذه المؤسسات.

(*) المؤسسة الأوروبية للجودة هي المالك الوحيد للنموذج الأوروبي للتميز.

وفي مطلع عام 2000 أصبح عدد الأعضاء في المؤسسة الأوروبية لإدارة الجودة أكثر مـن 800 عضـو من معظم الدول الأوروبية وفي أغلب قطاعات الأعمال، وهي بالإضافة إلى ملكيتها وإدارتهـا للنمـوذج الأوروبي للتميز تقدّم العديد من الخدمات الأخرى لأعضائها، ولديها عدد كبير من الشركاء حول العالم.

النموذج الأوروبي للتميز [1]   The EFQM Excellence Model

بغض النظر عن حجم المؤسسة وطبيعة عملها لتنجح لا بد أن تتبنى أسلوباً مناسباً في الإدارة كما سبق وأشرنا، ولعل النموذج الأوروبي للتميز الـذي تـم إطلاقـه رسـمياً في بدايـة عـام 1992 كإطـار عـام لتقييم المؤسسات ضمن جائزة الجودة الأوروبية يقدّم الأداة المناسبة لـذلك، وهـو الآن مسـتخدم عـلى نطاق واسع كإطار مؤسسي للتميز في أوروبا وكأساس للعديد من نماذج التميز في الكثير من الدول حـول العالم.

وبشكل عام، يعتبر النموذج الأوروبي للتميز أداة عملية يمكن استخدامها بأكثر مـن طريقـة، ومـن ذلك على سبيل المثال لا الحصر:

1. أداة للتقييم الذاتي.
2. أداة للمقارنات المرجعية Benchmarking مع مؤسسات أخرى.
3. كدليل في تحديد مجالات التحسين.
4. كأساس لمفردات (لغة) مشتركة وطريقة متميزة في التفكير.
5. كإطار لنظام عمل إداري متميز.

هـذا ويقـوم النمـوذج الأوروبي للتميـز عـلى تسـعة معـايير، خمسـة منهـا تتعلق بـنظم العمـل والمنهجيـات التـي تطبقهـا المؤسسـة أو مـا يمكـن أن نطلـق عليـه الوسـائل المسـاعدة أو الممكنـات - Enablers[*]، وأربعة منها تتعلق بالنتائج Results، حيث تغطي نظم

---

(1) The EFQM Excellence Model.

(*) Enablers (verb enable: enable somebody to do something, to make somebody able to do something by giving him/her power, authority ...etc يمكّن، يخوّل)

العمل والمنهجيات ما تقوم به المؤسسة، في حين تغطي النتائج ما تحققة المؤسسة إستناداً إلى تطبيق نظم العمل والمنهجيات. وبعبارة أخرى فالنتائج تتحقق من خلال التطبيق الفعّال للمنهجيات، والمنهجيات تتحسن بالاستفادة من التغذية الراجعة التي يتم الحصول عليها بعدة وسائل ومنها بطبيعة الحال النتائج.

وفي الواقع فإن هذا النموذج يقر بوجود أكثر من طريقة لتحقيق التميز في الأداء، وذلك ببساطة يقوم على أن التميز في نتائج العملاء والموارد البشرية والمجتمع ما هو إلا انعكاس لتميز في أسلوب عمل القيادة وتطوير استراتيجية ملائمة، وذلك لا يتم إلا من خلال وجود الأفراد المتميزين والشراكات الفاعلة وكفاية في الموارد وكفاءة في العمليات، مما سينعكس بالمحصلة على أداء المؤسسة ككل.

وكما هو موضح في الشكل التالي، حيث يساعد التعلم والابتكار المؤسسة على تحسين نظم العمل والمنهجيات المطبقة لديها - الوسائل المساعدة والتي ستنعكس بالتالي على نتائجها.

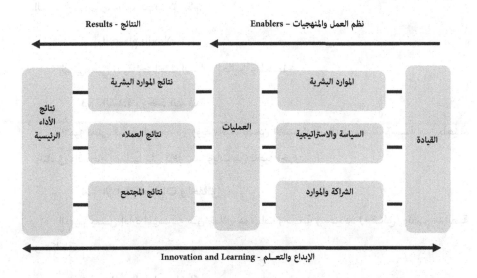

شكل رقم (9) مكونات النموذج الأوروبي للتميز

وباختصار وكما يوضح الشكل السابق، فإن تميز المؤسسات في نتائج أدائها الرئيسية هـو محصلة تميزها في نتائج الموارد البشرية والعملاء والمجتمع، والتي تتحقق من خلال قيادة فاعلة ترسم السياسة والاستراتيجية وتدير مواردها وشراكاتها بكفاءة وفاعلية وتحسّن عملياتها بشكل مستمر ضمن بيئة عمل تشجّع على الإبداع والتعلم.

مبادىء أساسية للتميز

وحتى تحقق المؤسسة أقصى منفعة من تبنيها للنموذج الأوروبي للتميز، لا بد أن يعي فريق عمل الإدارة مفاهيم وأساسيات هذا النموذج، وفيما عدا ذلك يكون من الصعب إن لم يكن مستحيلاً تبني هذا النموذج والنجاح في تطبيقه. **وبشكل عام فإن هذه المفاهيم تقوم على ما يلي:**

1. التركيز على النتائج

التميز يعني تحقيق نتائج يلمس أثرها جميع الفئات المعنية، بمـا في ذلك العاملون في المؤسسة، العملاء، الموردون، والمجتمع بشكل عام.

2. الاهتمام بالعملاء

التميز يعني تلبية احتياجات العملاء الحاليين والمحتملين.

3. القيادة ووحدة الهدف

التميز يعني قيادة طموحة ذو رؤية ثاقبة، تضمن الاستمرارية والديمومـة للمؤسسـة مـن ناحيـة، وتناسق وانسجام أهدافها على كافة المستويات من ناحية أخرى.

4. الإدارة بالعمليات والحقائق

التميـز يعنـي إدارة المؤسسـة مـن خـلال عمليـات واضـحة ومحـددة (حقـائق) ونظم مترابطـة ومتكاملة.

5. تطوير العاملين وإشراكهم

التميز يعني تعظيم مساهمات العاملين في المؤسسة من خلال تطويرهم وإشراكهم.

6. التحسين المستمر، الإبداع والتعلم

التميز يعني تحدي الوضع القائم والتفاعل مع المتغيرات من خلال التعلم والإبداع لإيجاد فرص دائمة للتحسين.

7. تطوير الشراكات:

التميز يعني تطوير والمحافظة على شراكات ذو قيمة مضافة.

8. تحمّل المسؤولية الاجتماعية

التميز يعني قيام المؤسسة بتبني منهج أخلاقي في العمل أبعد من مجرد التزامها بالقوانين والأنظمة فقط، إذ عليها أن تساهم في تحمل المسؤولية والاستجابة لتوقعات كافة الفئات المعنية/المعنيين في المجتمعات التي تعمل فيها، وذلك من خلال قيامها بدعم المبادرات والمشاريع التي تؤكد التزامها بخدمة وتنمية المجتمع المحلي وتفعيل دورها لتساهم بشكل أكبر وبما يتجاوز نطاق المهام والمسؤوليات الرئيسية والمباشرة لها.

والشكل التالي يلّخص المبادىء الأساسية للتميز:

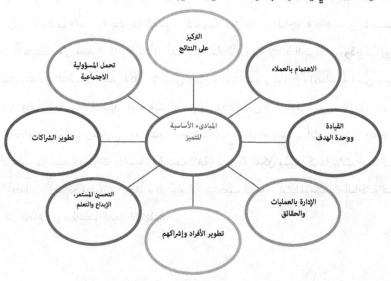

شكل رقم (10) المبادىء الأساسية للتميز

وبناءً على ذلك، **يمكن تعريف التميز** بأنه ممارسات متفردة ومتفوقة في إدارة المؤسسات وتحقيق أفضل النتائج، وذلك إستناداً إلى مبادىء أساسية هي التركيز على النتائج، الاهتمام بالعملاء، القيادة ووحدة الهدف، الإدارة بالعمليات والحقائق، تطوير العاملين وإشراكهم، التحسين المستمر من خلال الإبداع والتعلم، تطوير الشراكات، وأخيراً تحمل المسؤولية الاجتماعية.

وبالحقيقة فإن المؤسسات المتميزة هي تلك المؤسسات التي تسعى جاهدة لإرضاء كافة الفئات المعنية عن طريق ما تحققه من نتائج وكيفية تحقيقها لتلك النتائج والثقة بأن ما تم تحقيقه سيتواصل في المستقبل.

ومن الجدير بالذكر، أن تحقيق التميز يتطلب التزام تام من قبل القيادة والقبول بالمفاهيم التي يقوم عليها هذا النموذج كمبادىء أساسية تحكم السلوك التنظيمي للمؤسسة، بما يتضمنه ذلك من نشاطات ومبادرات. وبالنتيجة فإن ترجمة ذلك إلى ممارسات على أرض الواقع سيؤدي بالنهاية إلى تحقيق التميز الدائم والمستمر.

وكمبدأ عام، فإن الثقة بأن النتائج هي محصلة لممارسات متفردة ومتفوقة يستوجب إظهار ما تقوم به المؤسسة وكيف قامت به بطريقة نظامية وشمولية من خلال المراجعة والتحسين المستمر. ولمساعدة المؤسسات على تحقيق ذلك فقد أوجدت المؤسسة الأوروبية لإدارة الجودة النموذج الأوروبي للتميز، الذي يتضمن التطبيق العملي لكل ما سبق ولكافة المفاهيم والمبادىء الأساسية التي سبق الإشارة إليها، والتي تعكس نظام إداري متميز أصبح يستخدم من قبل آلاف المؤسسات في الدول الأوروبية والعالم من شركات ومدارس ومستشفيات ومؤسسات عسكرية ومؤسسات حكومية وغيرها، حيث زوّد هذه المؤسسات بأدوات مناسبة ومفردات (لغة) مشتركة أمكن نشرها كممارسات جيدة بين مختلف القطاعات، وقد تم تطويرها لاحقاً كأطر عامة تستجيب لاحتياجات المؤسسات الباحثة عن التميز في كل قطاع من قطاعات العمل المختلفة.

ولعل من أبرز الأمثلة على على التبني الناجح لهذا النموذج في الوطن العربي برنامج دبي للأداء الحكومي المتميز الذي استوحى النموذج المعدّل للدائرة والإدارة من عدة مصادر كان من أهمها النموذج الأوروبي للتميز، حيث سنأتي على ذكر هذه التجربة بالتفصيل نظراً لأهميتها في الفصول القادمة.

إنطلاقة الرحلة نحو التميز ... وفقاً للنموذج

الطريق نحو التميز يعتمد بشكل أساسي على التحسين المستمر، التقييم الذاتي، الممارسات الإدارية الجيدة، وانضباط عملية التخطيط، حيث تشكل هذه المكونات ما يمكن نطلق حجر الرحى أو الوصفة السحرية لطريق سالكة في رحلة المؤسسة نحو التميز دون عقبات أو معوقات قد تعيق الحركة، تؤخر الرحلة، أو حتى تؤدي لفشلها.

وعلى جميع الأحوال، إذا لم يكن لدى المؤسسة خطة للتحسين، فعليها أن تبدأ بالخطوات التالية وفقاً للنموذج:

1. حدّد أين تقف الآن؟

تحتاج المؤسسة أن تحدد وضعها الحالي. ومن الطرق الناجحة لذلك هو إجراء تقييم ذاتي، حيث يمكنها ذلك من التقاط صورة فوتوغرافية لما هي عليه الآن.

2. حدّد أولويات العمل لديك

لتتمكن المؤسسة من تحقيق المواءمة والانسجام مع استراتيجية العمل لديها، لا بد من تحديد نقاط القوة ومجالات التحسين لديها، وذلك استناداً للمفاهيم الأساسية التي

يقوم عليها النموذج الأمر الذي من شأنه أن يساعد المؤسسة على تحديد أولوياتها في المرحلة المقبلة.

3. حدّد احتياجاتك للتحسين

إن التقييم الذاتي باستخدام النموذج من شأنه ان يزود المؤسسة بخريطة مفصلة للموارد البشرية في المؤسسة، وبالتالي الإجابة على السؤال الهام أين نحتاج إلى تحسينات؟

4. حدّد كيفية إجراء التحسينات؟

وهنا على المؤسسة أن تتعلم من الآخرين حولها، عليها أن تحدد الممارسات الجيدة لـديهم، حيـث بإمكانها أن تقوم بإجراء العديد من المقارنات المعيارية مـع مؤسسـات محـددة للتعـرف عـلى أفضـل الممارسات في نفس نطاق العمل أو في مجالات أخرى، وذلك بهدف الاستفادة والتعلم منها، حيث **يعتبر ذلك بداية الرحلة نحو التميز**، وهنا نؤكد مرة أخرى بإن المؤسسة قد تستطيع تحديد متى وكيف تبـدأ رحلتها؟ ولكنها مؤكداً أنها لا تستطيع تحديد أين ومتى ستتوقف؟ فالتميز كالجودة رحلة مسـتمرة بـلا توقف وليست محطة وصول، كما سبق الإشارة في الفصل الثاني من هذا الكتاب عند الحديث عن ثقافة الجودة.

وبعد ذلك، نتابع الرحلة نحو التميز عن طريق التطبيق، وذلك يعني باختصار التخطيط وتحديـد الأولويات وتنفيذ التحسينات. وبشكل عام فإن مرحلة التطبيق تشمل الخطوات التالية:

1. تحديد **أولويات التحسين**، فمن غير الممكن أن تنفذ المؤسسة جميع التحسينات مرة واحدة وبنفس الوقت، لذلك من الأفضل مراجعة مجـالات التحسـين المقترحة وتحديـد الأولويـات وفقاً لمعايير واضحة ومحددة. وعلى

سبيل المثال تحديد التحسينات الأكثر تأثيراً على المؤسسة، أو وفقاً لحجم الموارد المطلوبة والمتاحة لتلك التحسينات، وهكذا.

2. **تضمين التحسينات في خطط العمل**، فبعض التحسينات قد يتطلب مزيداً من التخطيط والموارد من خلال طرحها كمبادرات أو مشاريع تتطلب موازنات وطرق عمل مختلفة، وبما لا يتعارض مع المبادرات أو المشاريع القائمة حالياً، الأمر الذي يعني التعامل معها على مستوى مؤسسي ومن خلال خطط عمل أكثر شمولية وتكاملاً.

3. **تنفيذ التحسينات**، وهو الجزء الأكثر أهمية، والذي يعني بعبارة أخرى **... التغيير**. للتحسين لا بد من التغيير، فاليوم معظم المؤسسات أصبحت تدرك ذلك، وتدرك بأن التحسين عملية مستمرة، وهنا لا بد من إشراك الأفراد في عملية التغيير، فالنجاح يتطلب إشراك جميع الأفراد في السعي نحو التميز.

4. **قياس النتائج**، هل حققت المؤسسة أهدافها؟ هل يمكن قياس أثر ما تم تنفيذه من تحسينات؟ وهنا قد يكون التقييم الذاتي من الوسائل التي يمكن استخدامها لمتابعة مدى التقدّم.

واخيراً، تبقى نقطة هامة وجوهرية وهي كيف نتعلم من قصص النجاح؟

ولكن قبل ذلك ماذا يعني النجاح؟ إن ذلك يرتبط بأداء المؤسسة على المستوى الكلي ومدى تحقيقها للأهداف والنتائج المتوقعة. وعلى جميع الأحوال فإن النجاح يرتبط عادةً بمجال محدد حققت فيه المؤسسة أداء متميز، وبالتأكيد فإن التفاعل مع قصص النجاح سوف يساعد على تحديد النماذج والممارسات الجيدة التي يمكن التعلم والاستفادة منها، وهذا أساسي في رحلة التميز.

والآن، ماذا عن مكونات النموذج الأوروبي للتميز؟

فكما سبق الإشارة يقوم النموذج الأوروبي للتميز على تسعة معايير أساسية، خمسة منها ترتبط بنظم العمل والمنهجيات التي تطبقها المؤسسة أو ما يمكن أن نطلق عليه الوسائل المساعدة أو الممكنات - **Enablers**، وأربعة منها تتعلق بالنتائج - **Results**، حيث تغطي نظم العمل والمنهجيات (الوسائل المساعدة أو الممكنات) ما تقوم به المؤسسة، في حين تغطي النتائج ما تحققة المؤسسة إستناداً إلى تطبيق نظم العمل والمنهجيات كما سبقت الإشارة.

منطق الردار الذي يقوم عليه النموذج **The RADAR Logic**

أساس النموذج الأوروبي للتميز يقوم على ما يعرف بـ **الردار** وهي مأخوذة من الأحرف الأولى للكلمات التالية:

النتائج	Results
المنهجية - طرق وأساليب العمل	Approach
التطبيق	Deployment
المراجعة والتقييم	Assessment & Review

وللوقوف على ذلك بالتفصيل تحتاج المؤسسة لما يلي:

- تحديد النتائج (Results) التي تسعى إليها من خلال السياسة والاستراتيجية، والتي تغطي أداء المؤسسة المالي وغير المالي، وتأخذ بالاعتبار احتياجات وتوقعات جميع الفئات المعنية.

- إعداد وتطوير مجموعة متكاملة من المنهجيات (Approaches) اللازمة لتحقيق النتائج المرغوبة حالياً وفي المستقبل.
- نشر وتعميم تلك المنهجيات بما يضمن تطبيقها بشكل نظامي وشمولي (Deployment).
- المراجعة والتقييم (Assessment & Review) للمنهجيات بشكل دوري في ضوء نتائج تطبيق تلك المنهجيات وأداء المؤسسة وبشكل يضمن التحسين المستمر.

عند تطبيق النموذج في المؤسسة، وعلى سبيل المثال كأداة للتقييم الذاتي، فإن العناصر المشار إليها سابقاً سوف تطبق على جميع المعايير الرئيسية والفرعية للنموذج سواء ما يتعلق منها بنظم العمل والمنهجيات أو النتائج والتي سوف نتعرض إليها بشيء من التفصيل لاحقاً.

والشكل التالي، يلخص آلية عمل (منطق الرادار):

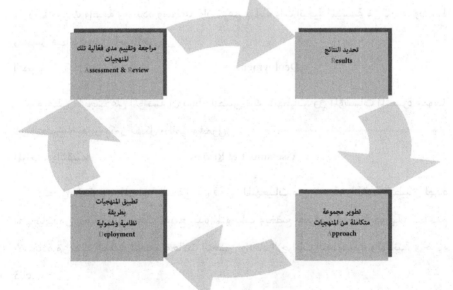

شكل رقم (11) منطق الرادار - The RADAR Logic

تطبيق الرادار

فيما يلي عرض موجز لأبرز العناصر التي يقوم عليها منطق الرادار:

النتائج **R**esults

وتغطي ما تسعى المؤسسة لتحقيقه. وبشكل عام في المؤسسات المتميزة، النتائج سوف تظهر اتجاهاً نمطياً إيجابياً و/أو على الأقل مستقراً في الأداء، حيث يتم تحقيق المستهدفات في كثير من الأحيان وقد يتم تجاوزها وذلك مقارنةً بالآخرين، كما أنها تأتي كنتيجة طبيعية لتطبيق نظم العمل والمنهجيات، وهي تغطي كافة المجالات ذات العلاقة.

المنهجيات **A**pproach

وهي تغطي ما تقوم به المؤسسة، ولماذا تقوم به بهذه الطريقة؟ وفي المؤسسات المتميزة لا بد أن تكون المنهجيات واضحة ومحددة ومنطقية وأن تدعم سياسة واستراتيجية المؤسسة من ناحية، وتترابط وتتكامل فيما بينها من ناحية أخرى.

التطبيق **D**eployment

ويغطي ما يجب على المؤسسة أن تفعله لتطبيق تلك المنهجيات. وفي المؤسسات المتميزة عموماً، فإن التطبيق لا بد أن يكون بشكل نظاميّ وشمولي.

المراجعة والتقييم **A**ssessment & **R**eview

وتغطي ما تقوم به المؤسسة للتحقق من فعّالية المنهجيات من ناحية، وفعّالية التطبيق لهذه المنهجيات من ناحية أخرى، حيث تخضع هذه المنهجيات ويخضع تطبيقها لمراجعة دورية، كما تتم الاستفادة من هذه العملية لتحديد مجالات التحسين واتخاذ الإجراءات التصحيحية والوقائية في ضوء ذلك.

معايير النموذج الأوروبي للتميز

بشكل عام فإن نظم العمل والمنهجيات تغطي خمسة معايير أساسية:

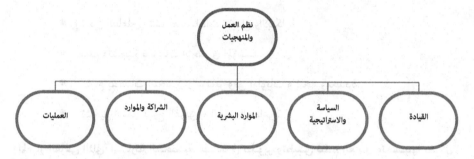

حيث تشكل نظم العمل والمنهجيات وسائل تحقيق التميز في حال تطبيقها، ويتفرع عن كل معيار مـن هذه المعايير الأساسية معايير فرعية، وكما يلي:

المعيار الرئيسي الأول: القيادة

ويركز هذا المعيار على دور القيادة في صياغة وتوثيق رؤية ورسالة المؤسسة وقيمها الجوهريـة كأساس للنجاح على المدى الطويل، وكيفية ترجمتها إلى سلوك وإجراءات عـلى أرض الواقع، كـما ويركـز هذا المعيار على مشاركة القادة في المؤسسة بشكل شخصيـ في تطوير وتطبيـق نظم العمـل وضمان تحسينها بشكل مستمر.

وبشكل عام فإن معيار القيادة يتضمن أربعة معايير فرعية هي:

المعيار الفرعي الأول: قيام القيادة بتطوير رؤية ورسالة المؤسسة وقيمها الجوهرية، والقيـام بـدورها **في نشر وتعميق ثقافة التميز.** ومن الممكن أن يشمل ذلك ما يلي:

- تطوير رؤية ورسالة المؤسسة.

- تطوير القيم الجوهرية وتقـديم القـدوة الحسـنة التي تـدعم ثقافـة المؤسسة وتعـزز أخلاقيات العمل.

- مراجعة وتحسين مستوى أداء وفعّالية القـادة والعمـل عـلى تطويرهـم وفقـاً لمتطلبـات واحتياجات المؤسسة المستقبلية.

- المشاركة الشخصية والفعّالة للقادة في نشاطات التحسين.

- تمكين العاملين وتشجيع نشاطات الإبداع والابتكار.

- دعم وتشجيع نشاطات التعلم في المؤسسة.

- القيام بعمليات التحسين والتطوير وفق أولويات واضحة ومحددة.

- تشجيع العمل بروح الفريق – العمل الجماعي.

المعيار الفرعي الثاني: المشاركة الشخصية للقادة في تطوير وتطبيق نظم العمل وتحسينها بشكل مستمر. ومن الممكن أن يشمل ذلك ما يلي:

- وضع الهيكل التنظيمي الملائم لتنفيذ السياسة والاستراتيجية.

- تطوير وتطبيق نظام فعّال لإدارة العمليات.

- تطوير نظام فعّال لإعداد ونشر وتطبيق ومراجعة السياسة والاستراتيجية.

- تطوير نظام فعّال لقياس ومراجعة نتائج الأداء المؤسسي.

- تطوير نظام فعّال لعمليات التحسين المستمر من خلال نشاطات الإبداع والابتكار – على سبيل المثال.

المعيار الفرعي الثالث: المشاركة الفاعلة للقادة مع العملاء والشركاء والمجتمع. ومن الممكن أن يشمل ذلك:

- فهم والاستجابة لاحتياجاتهم وتوقعاتهم.

- بناء شراكات معهم.

- القيام بمبادرات تحسين وتطوير مشتركة.

- الاعتراف بمساهمات الأفراد وفرق العمل وتقدير جهودهم.

- المشاركة في الهيئات المهنية والمؤتمرات والندوات، وخصوصاً تلك التي تدعم وتشجع ثقافة التميز.
- دعم وتشجيع النشاطات التي تهدف إلى المساهمة في خدمة المجتمع.

المعيار الفرعي الرابع: دعم وتحفيز القادة للموارد البشرية وتقدير جهودهم. ومن الممكن أن يشمل ذلك:

- دور القادة في ايصال الرؤية والرسالة والقيم الجوهرية، السياسة والاسراتيجية، الأهداف وخطط العمل إلى كافة المستويات الإدارية في المؤسسة.
- اتصال القادة مع الأفراد والاستماع إليهم والتحاور معهم والاستجابة لمتطلباتهم.
- دعم ومساندة الأفراد لتحقيق خططهم وأهدافهم.
- تشجيع وتمكين الأفراد للمشاركة في عمليات التحسين المستمر.
- تحفيز وتقدير جهود الأفراد وفرق العمل على جميع المستويات الإدارية في المؤسسة بالأسلوب والتوقيت الملائمين.

المعيار الرئيسي الثاني: السياسة والاستراتيجية

كيف يمكن للمؤسسة تحقيق رؤيتها ورسالتها من خلال استراتيجية واضحة ومحددة تأخذ بالاعتبار احتياجات وتوقعات جميع الفئات المعنية معززة بسياسات وخطط وأهداف وإجراءات عمل ذات علاقة.

وبشكل عام فإن معيار السياسة والاسراتيجية يتضمن خمسة معايير فرعية:

المعيار الفرعي الأول: إعداد السياسة والاستراتيجية استناداً إلى الاحتياجات الحالية والمستقبلية لكافة الفئات المعنية. وقد يشمل ذلك كيفية قيام المؤسسة بما يلي:

- جمع وتحليل المعلومات ذات العلاقة بتحديد الأسواق والقطاعات المستهدفة التي تعمل فيها في الوقت الحالي والمستقبل.

- التعرف على احتياجات وتوقعات جميع الفئات المعنية بشكل ملائم.

- مواكبة التطورات في الأسواق التي تعمل فيها، بما في ذلك نشاطات المنافسين.

المعيار الفرعي الثاني: اعتماد السياسة والاستراتيجية على معلومات دقيقة يتم الحصول عليها من خلال قياس الأداء المؤسسي، الأبحاث والدراسات، نشاطات التعلم والإبداع وغيرها. ومن ذلك على سبيل المثال، مدى استفادة المؤسسة مما يلي:

- مخرجات قياس مؤشرات الأداء المؤسسي الداخلية.

- مخرجات نشاطات التعلم.

- تحليل أداء المنافسين وأفضل المؤسسات.

- فهم الأمور ذات العلاقة بالنواحي القانونية والبيئية والمجتمع.

- تحديد وفهم المؤشرات الاقتصادية والاجتماعية.

- فهم والتعرف على المتغيرات التكنولوجية الجديدة وأثرها.

- التغذية الراجعة من الفئات المعنية.

المعيار الفرعي الثالث: كيفية إعداد ومراجعة وتحديث السياسة والاستراتيجية. ومن الممكن أن يشمل ذلك:

- إعداد السياسة والاستراتيجية بما ينسجم مع رؤية ورسالة المؤسسة وقيمها من ناحية، وإستناداً إلى احتياجات وتوقعات جميع الفئات المعنية من ناحية أخرى، بالإضافة إلى نشاطات التعلم والإبداع.

- الموازنة بين احتياجات وتوقعات جميع الفئات المعنية.

- الموازنة بين المتطلبات قصيرة وطويلة المدى والضغوطات المرتبطة بها.

- تطوير بدائل مختلفة وخطط (طوارىء) للتعامل مع المخاطر.
- تحديد المزايا النسبية الحالية والمستقبلية.
- المواءمة مع سياسيات واستراتيجيات الشركاء.
- عكس مفاهيم التميز وأفضل الممارسات.
- تقييم مدى فاعلية وملاءمة السياسة والاستراتيجية.
- تحديد عوامل النجاح الرئيسية.
- مراجعة وتحديث السياسة والاستراتيجية بشكل دوري وحيثما اقتضت الضرورة.

المعيار الفرعي الرابع: تطوير السياسة والاستراتيجية ينسجم مع الإطار العام لعمليات المؤسسة الرئيسية. ومن الممكن أن يشمل ذلك:

- تحديد وتصميم الإطار العام الذي يتضمن سلسلة العمليات الرئيسية اللازمة لتطوير وتطبيق السياسة والاستراتيجية.
- تحديد واضح ومحدد للقائمين على العمليات الرئيسية في المؤسسة.
- تحديد جميع الفئات المعنية ذات العلاقة بعمليات المؤسسة الرئيسية.
- مراجعة مدى كفاءة وفاعلية الإطار العام للعمليات الرئيسية في المؤسسة اللازمة لتطبيق السياسة والاستراتيجية.

المعيار الفرعي الخامس: تعميم وتنفيذ السياسة والاستراتيجية. وقد يشمل ذلك:

- إيصال السياسة والاستراتيجية لجميع المستويات الإدارية في المؤسسة.
- اعتماد السياسة والاستراتيجية كأساس لتخطيط كافة النشاطات وتحديد الأهداف والمستهدفات على جميع المستويات في المؤسسة.
- تحديد الأولويات إستناداً إلى خطط عمل وأهداف واضحة ومحددة.
- تقييم مدى الوعي بالسياسة والاستراتيجية.

المعيار الرئيسي الثالث: الموارد البشرية

يركز هذا المعيار على كيفية قيام المؤسسة بإدارة وتطوير معارف وامكانيات الموارد البشرية لديها سواءً على مستوى الأفراد أو فرق العمل وعلى جميع المستويات، كما ويركز أيضاً على كيفية قيام المؤسسة بتخطيط وتنمية وتحفيز وضمان مشاركة الموارد البشرية بشكل فاعل ومؤثر، وبما يدعم السياسة والاستراتيجية من ناحية، ويعزز قيام المؤسسة بعملياتها من ناحية أخرى.

ويغطي معيار الموارد البشرية خمسة معايير فرعية وكما يلي:

المعيار الفرعي الأول: كيفية قيام المؤسسة بتخطيط وإدارة وتطوير مواردها البشرية. ومن الممكن أن يشمل ذلك:

- تطوير سياسات واستراتيجيات وخطط الموارد البشرية.

- مشاركة الموظفين أو ممثلين عنهم في تطوير سياسات واستراتيجيات وخطط الموارد البشرية.

- المواءمة بين خطط واستراتيجيات وسياسات الموارد البشرية من ناحية، والهيكل التنظيمي والعمليات الرئيسية من ناحية أخرى.

- إدارة كفوءة وفاعلة لعملية التعيين والتطوير الوظيفي.

- ضمان العدالة في التوظيف وتكافؤ الفرص.

- الاستفادة من استطلاعات الرأي والنماذج الأخرى للتغذية الراجعة من الموظفين لتطوير سياسات واستراتيجيات وخطط عمل الموارد البشرية.

- تطبيق منهجيات تتسم بالإبداع لتحسين طرق وأساليب العمل.

المعيار الفرعي الثاني: تحديد معارف الموارد البشرية ومهاراتهم وتطويرها والمحافظة عليها. ومـن الممكن أن يشمل ذلك:

- تحديد وتصنيف معارف ومهارات وقدرات المـوارد البشـرية بمـا ينسجم مـع احتياجـات المؤسسة.
- إعداد وتنفيذ خطط التدريب والتطوير بما يضمن بناء القدرات الذاتية وتلبية متطلبات واحتياجات المؤسسة الحالية والمستقبلية.
- تطوير وتفعيل فرص التعلم المستمر للأفراد وفرق العمل والمؤسسة ككل.
- إكساب الموارد البشرية خبرات عملية.
- تطوير قدرات ومهارات العمل الجماعي في المؤسسة.
- الربط بين أهداف الأفراد وفرق العمل من ناحية وأهداف المؤسسة من ناحية أخرى.
- مراجعة وتحديث الأهداف الفردية وأهداف فرق العمل.
- تقييم أداء الموارد البشرية ومساعدتهم على تحسين مستويات الأداء لديهم.

المعيار الفرعي الثالث: مشاركة وتمكين الموارد البشرية في المؤسسة. ومن الممكن أن يشمل ذلك:

- تشجيع ومساندة الأفراد وفرق العمل على المشاركة في عمليات التحسين المستمر.
- تشجيع ومساندة مشاركة الموارد البشرية في نشاطات المؤسسة المختلفة.
- توفير الفرص التي تحفز وتدعم الإبداع والابتكار لدى العاملين في المؤسسة.
- تمكين العاملين وإشراكهم في اتخاذ القرارات.
- تشجيع العمل بروح الفريق.

المعيار الفرعي الرابع: الاتصال والحوار بين المؤسسة والموارد البشرية. ومن ذلك على سبيل المثال:

- تحديد احتياجات ومتطلبات الاتصال.

- تطوير سياسات واستراتيجيات وخطط الاتصال بناءً على ذلك.

- تطوير واستخدام قنوات الاتصال المختلفة، عمودياً وأفقياً.

- مشاركة المعرفة وأفضل الممارسات.

المعيار الفرعي الخامس: تحفيز وتقدير جهود الموارد البشرية والاهتمام بهم. ومن الممكن أن يشمل ذلك:

- المواءمـة بين سياسات وإجراءات الموارد البشرية من ناحيـة، والسياسـة والاسـتراتيجية مـن ناحية أخرى.

- تقدير جهود وإنجازات الموارد البشرية للمحافظة على مشاركتهم وتمكينهم.

- زيـادة الـوعي والمشـاركة بالصـحة والسـلامة والمهنيـة والبيئـة والقضـايا ذات العلاقـة بالمجتمع.

- وضع وتحديـد مسـتويات المنـافع والمزايا المؤسسـية، مثل الرواتـب التقاعديـة، التـأمين الصحي، رعاية الأطفال ... الخ.

- تشجيع النشاطات الاجتماعية والثقافية.

- توفير المرافق والخدمات مثل تأمين المواصلات وساعات العمل المرنة وغيرها.

المعيار الرئيسي الرابع: الشراكة والموارد

كيف تقوم المؤسسة بتخطيط وإدارة الشراكات الخارجية والموارد الداخلية بما يـدعم السياسـة والاستراتيجية من ناحية ويعزز القيام بالعمليات الرئيسية من ناحية أخرى.

ويغطي معيار الشراكة والموارد خمسة معايير فرعية هي:

المعيار الفرعي الأول: إدارة الشراكات الخارجية. ومن الممكن أن يشمل ذلك:

- تحديد الشركاء الرئيسيين للمؤسسة وفرص الشراكات الاستراتيجية بما يتفـق مـع سياسـة واستراتيجية المؤسسة.

- رسم إطار وحدود علاقات الشراكة بما يحقق المنفعة المتبادلة.

- العمل المشترك لإيجاد شراكات ذو قيمة مضافة.

- ضمان مشاركة المعرفة والتوافق الثقافي المؤسسي مع الشركاء.

- دعم التطوير المتبادل بين المؤسسة وشركائها.

- إيجاد وتعزيز مفاهيم ومهارات التفكير الإبـداعي والابتكار مـن خـلال شراكـات فاعلـة ومؤثرة.

- التوافق والانسجام في العمل مع الشركاء بما يسهم في تحسين العمليات ويضيف قيمة إلى سلسلة المورد/العميل.

المعيار الفرعي الثاني: إدارة الموارد المالية. ومن الممكن أن يشمل ذلك:

- استخدام الموارد المالية لدعم سياسة واستراتيجية المؤسسة.

- تطوير وتطبيق استراتيجيات مالية تدعم سياسة واستراتيجية المؤسسة.

- تقييم الاستثمار في الموجودات الملموسة وغير الملموسة.

- استخدام طرق وأساليب تضمن كفاءة وفعالية استخدام الموارد المالية.

- إدارة المخاطر المتعلقة بالموارد المالية.

المعيار الفرعي الثالث: إدارة الممتلكات (المباني، الأجهزة والمعدات، المواد وغيرها). ومن الممكن أن يشمل ذلك:

- استخدام الموجودات (الممتلكات) بما يدعم سياسة واستراتيجية المؤسسة.
- الاستخدام الأمثل للموجودات وإدارتها وصيانتها لتحسين الأداء الكلي للمؤسسة.
- إدارة أمن الممتلكات.
- إدارة وقياس أي آثار سلبية لموجودات المؤسسة على الموارد البشرية والمجتمع (يشمل ذلك الأمن والسلامة المهنية).
- التخزين الأمثل للمواد.
- الاستخدام الأمثل للمرافق.
- تقليل الفاقد وإعادة استخدام بعض المواد.
- المحافظة على الموارد غير المتجددة.
- تقليل التأثيرات السلبية الناجمة عن المنتجات والخدمات المقدمة.

المعيار الفرعي الرابع: إدارة الموارد التقنية ومن الممكن أن يشمل ذلك:

- تحديد وتقييم البدائل التكنولوجية المتاحة في ضوء سياسة واستراتيجية المؤسسة ومدى تأثيرها على العمل والمجتمع.
- إدارة كل ما يتعلق بالتكنولوجيا المستخدمة في المؤسسة.
- الاستخدام الأمثل للموارد التقنية المتوفرة.
- ابتكار طرق وأساليب تكنولوجية حديثة.
- الاستفادة من الموارد التقنية في عمليات التحسين المستمر.
- تحديد واستبدال الطرق والأساليب التكنولوجية القديمة.

المعيار الفرعي الخامس: إدارة المعلومات والمعرفة. ومن الممكن أن يشمل ذلك:

- جمع وتنظيم وإدارة المعلومات والمعرفة في المؤسسة بما يدعم السياسة والاستراتيجية.

- تسهيل إمكانية وصول واطلاع المعنيين من داخل وخارج المؤسسة على المعلومات والمعارف ذات العلاقة.

- ضمان صحة وحداثة وسلامة وأمن المعلومات.

- المحافظة على حقوق الملكية الفكرية وحمايتها.

- السعي نحو اكتساب وزيادة واستخدام المعلومات والمعرفة بشكل فعّال.

- إيجاد التفكير الإبداعي والابتكار في المؤسسة من خلال استخدام الموارد المعلوماتية والمعرفية ذات العلاقة.

المعيار الرئيسي الخامس: العمليات

حيث يركز هذا المعيار على كيفية قيام المؤسسة بتصميم وإدارة وتحسين العمليات بما يدعم السياسة والاستراتيجية وصولاً إلى تقديم خدمة متميزة لجميع المعنيين وتحقيق قيمة مضافة لهم.

يغطي معيار العمليات خمسة معايير فرعية وكما يلي:

المعيار الفرعي الأول: تصميم وإدارة العمليات بشكل نظامي. ومن الممكن أن يشمل ذلك:

- تصميم عمليات المؤسسة وخاصةً تلك المرتبطة بسياسة واستراتيجية المؤسسة.

- تطوير نظام متكامل لإدارة العمليات.

- تطبيق مواصفات قياسية دولية لإدارة العمليات، ومن ذلك على سبيل المثال نظـام إدارة الجودة الأيزو 9000، نظام إدارة البيئة، نظام الصحة والسلامة المهنية، وغيرها.

- تطبيق مقاييس للعمليات وتحديد أهداف للأداء.

- معالجة التداخل والإزدواجية مع الجهات ذات العلاقة بأداء المهام وتقديم الخدمات من داخل المؤسسة ومع الشركاء خارج المؤسسة.

المعيار الفرعي الثاني: تحسين العمليات بطرق إبداعية بما يضمن رضا العملاء وتحقيق قيمـة مضـافة لهم ولكافة الفئات المعنية. ومن الممكن أن يشمل ذلك:

- تحديد فرص وأولويات التحسين والتغييرات الأخرى بشكل مرحلي أو جذري.

- الاستفادة من نتائج تقييم الأداء المؤسسي ونشاطات التعلم.

- الاستفادة من التغذية الراجعة التي يتم الحصول عليها من الموظفين والعملاء والشركاء.

- تطوير طرق وأساليب جديدة في تبسيط الإجراءات وتحسين العمليات.

- استخدام الطرق المناسبة لتنفيذ التغييرات.

- تجربة العمليات الجديدة أو المعدّلة واتخاذ الإجراءات المناسبة.

- شرح/إيصال المعلومات المتعلقة بالتغيير/التعديل لجميع المعنيين.

- التأكد من من أن تعديل العمليات قد حقق النتائج المطلوبة.

المعيار الفرعي الثالث: تصميم وتطوير المنتجات/الخدمات بناءً على احتياجـات وتوقعات العملاء. ومن الممكن أن يشمل ذلك:

- الاستفادة من نتائج دراسات وأبحاث السـوق واستطلاعات الـرأي وأية وسـائل أخرى للحصول على التغذية الراجعة من العملاء، وذلك لتحديد

احتياجاتهم وتوقعاتهم الحالية والمستقبلية وآرائهم ومقترحاتهم بخصوص ما يقدّم إليهم حالياً من قبل المؤسسة.

- توقع وتحديد التحسينات الهادفة إلى تطوير المنتجات والخدمات المقدمة بما يتفق مع احتياجات وتوقعات العملاء.
- تصميم وتطوير منتجات وخدمات جديدة تستجيب لاحتياجات وتوقعات العملاء.
- استخدام الإبداع والابتكار لتطوير منتجات وخدمات ذات ميزة تنافسية.
- التعاون مع الشركاء في تطوير وتقديم منتجات جديدة.

المعيار الفرعي الرابع: تصميم وتطوير وتقديم المنتجات والخدمات. ومن الممكن أن يشمل ذلك:

- المنتجات والخدمات المقدمة وفق ما تم تصميمه وتطويره .
- إيصال وتسويق وبيع المنتجات والخدمات للعملاء الحاليين والمستهدفين.
- تسليم المنتجات والخدمات للعملاء.
- تقديم خدمة ما بعد البيع حيثما أمكن ذلك.

المعيار الفرعي الخامس: إدارة وتقوية علاقات العملاء. ومن الممكن أن يشمل ذلك:

- تحديد متطلبات الاتصال الدوري مع العملاء.
- التعامل مع التغذية الراجعة التي يتم استلامها من العملاء بما في ذلك الشكاوى والاقتراحات.
- المبادرة للاتصال والحوار مع العملاء لمناقشة وتلبية احتياجاتهم وتوقعاتهم واهتماماتهم.
- متابعة عمليات تقديم المنتجات والخدمات وكل ما يتعلق بها لتحديد مستويات الرضا واتخاذ الإجراءات اللازمة في ضوء ذلك.

- ابتكار طرق جديدة في إدارة العلاقة مع العملاء والمحافظة عليهم.
- استخدام الاستبيانات وقياس الرأي وأية وسائل أخرى مناسبة لجمع المعلومات ذات العلاقة من العملاء بهدف تعزيز مستويات الرضا لديهم.

أما بالنسبة للنتائج فتغطي أربعة معايير أساسية:

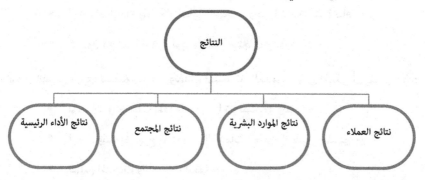

ووفقاً للنموذج الأروربي للتميز هي ما يلي:

المعيار الرئيسي السادس: نتائج العملاء

ويركز هذا المعيار على النتائج التي تحققها المؤسسة فيما يتعلق بالعملاء، وكما يلي:

المعيار الفرعي الأول: مقاييس رأي العملاء

وتعبر هذه المقاييس عن رأي العملاء بالمؤسسة (من خلال استبيانات الرأي، جماعات التركيز، الشكاوى والاقتراحات ...). وبحسب طبيعة عمل المؤسسة، يمكن أن تشمل مقاييس رأي العملاء ما يلي:

- **الانطباع العام**
  - إمكانية الوصول
  - الاتصال
  - المرونة

- المبادرة
- الاستجابة

• **المنتجات والخدمات**

- الجودة
- القيمة
- الموثوقية
- الإبداع في التصميم
- التسليم
- المحافظة على البيئة

• **البيع وخدمات ما بعد البيع**

- سلوك وكفاءة الموظفين
- تقديم المشورة والدعم
- الوثائق الفنية المتعلقة بالمنتج/الخدمة
- معالجة الشكاوى
- التدريب المتعلق بكيفية تقديم المنتج/الخدمة
- مدة الاستجابة
- الدعم الفني
- الترتيبات المتعلقة بالضمان والكفالة

• **الولاء**

- تكرار/إعادة الشراء
- شراء منتج/خدمة أخرى من المؤسسة
- التوصية بالتعامل مع المؤسسة

المعيار الفرعي الثاني: مؤشرات الأداء

وهي مقاييس أداء داخلية (من وجهة نظر المؤسسة) تستخدم لمراقبة وفهم وتوقع وتحسـين أداء المؤسسة، وبما يعزز نتائج مقاييس الرأي. وبحسب طبيعة عمل المؤسسة من الممكن أن تشمل مؤشرات الأداء:

- **الانطباع العام**
  - عدد العملاء الحاصلين على مزايا إضافية
  - التغطية الصحفية

- **المنتجات والخدمات**
  - المزايا النسبية
  - نسبة الأخطاء، المرفوض، المعيب
  - معلومات وشروط الكفالة والضمان
  - الشكاوى
  - دورة حياة المنتج/الخدمة
  - الإبداع في التصميم
  - الوقت اللازم لتقديم الخدمة/المنتج

- **البيع وخدمة ما بعد البيع**
  - متطلبات التدريب
  - معالجة الشكاوى
  - معدلات الاستجابة

- **الولاء**
  - مدة العلاقة مع العميل
  - التوصيات الفعّالة
  - تكرار/قيمة طلبات الشراء

– عدد الشكاوى أو كتب الشكر

– الأعمال الجديدة أو المفقودة

– الاحتفاظ بالعملاء

المعيار الرئيسي السابع: نتائج الموارد البشرية

يركز هذا المعيار على نتائج المؤسسة المتعلقة بالموارد البشرية.

المعيار الفرعي الأول: مقاييس الرأي

تعبر هذه المقاييس عن رأي الموارد البشرية بالمؤسسة من خلال الاستبيانات، جماعات التركيز، المقابلات، وغيرها. ومن الممكن أن تشمل هذه المقاييس ما يلي:

• **التحفيز**

– التطور الوظيفي

– الاتصال

– التمكين الوظيفي

– تكافؤ الفرص

– المشاركة

– القيادة

– فرص التطور والتقدّم

– التقدير

– وضع المستهدفات وتقييمها

– الرؤية والرسالة والقيم الجوهرية، السياسة والاستراتيجية

– التدريب والتطوير

• **الرضا الوظيفي**

– الإدارة

– شروط التوظيف

— المرافق والخدمات

— شروط الأمن والسلامة

— الأمان الوظيفي

— الأجور والمزايا

— علاقات العمل

— إدارة التغيير

— سياسة المؤسسة المتعلقة بالبيئة والتأثيرات المترتبة عليها

— المسؤولية الاجتماعية

— بيئة العمل

المعيار الفرعي الثاني: مؤشرات الأداء

وهي مقاييس أداء داخلية (من وجهة نظر المؤسسة) تستخدم لمراقبة وفهم وتوقع وتحسين أداء المؤسسة، وبما يعزز نتائج مقاييس الرأي. وبحسب طبيعة عمل المؤسسة من الممكن أن تشمل مؤشرات الأداء المتعلقة بالموارد البشرية:

• **الإنجازات**

— الكفاءات المطلوبة مقارنة بالكفاءات المتوفرة

— الإنتاجية

— مستويات نجاح برامج التدريب والتطوير لتحقيق الأهداف المنشودة

• **التحفيز والمشاركة**

— المشاركة في فرق التحسين

— المشاركة في برامج الاقتراحات

— مستويات التدريب والتطوير

— منافع العمل الجماعي القابلة للقياس

— تقدير جهود الموظفين وفرق العمل

— نسبة الاستجابة لاستبيانات الرأي

- **مستويات الرضا**
  - مستويات الغياب والإجازات المرضية
  - نسبة حوادث العمل
  - التظلمات
  - اتجاهات التوظيف
  - معدل دوران العمل
  - الإضرابات
  - استخدام المزايا والمنافع
  - استخدام مرافق المؤسسة

- **الخدمات المقدمة للموارد البشرية**
  - خدمات شؤون الموظفين
  - فعالية الاتصال
  - سرعة الاستجابة للاستفسارات والطلبات
  - تقييم التدريب

المعيار الرئيسي الثامن: نتائج المجتمع

يركز هذا المعيار على نتائج المؤسسة فيما يتعلق بالمجتمع الذي تعمل فيه وعلى كافة المستويات المحلية والإقليمية والدولية ما أمكن.

المعيار الفرعي الأول: مقاييس رأي المجتمع

تعكس هذه المقاييس رأي المجتمع في المؤسسة، والتي من الممكن الحصول عليها من خلال – على سبيل المثال لا الحصر– استطلاعات الرأي، التقارير، الاجتماعات العامة، ممثلو الشعب، السلطات الحكومية...الخ. وبحسب طبيعة عمل المؤسسة من الممكن أن تشمل مقاييس رأي المجتمع:

- **الأداء كـ مسؤولية إجتماعية:**
  - نشر المعلومات ذات العلاقة بالمجتمع
  - تكافؤ الفرص
  - الأثر على الاقتصاد المحلي والوطني
  - العلاقات مع السلطات المعنية
  - السلوك الأخلاقي

- **المشاركة في النشاطات المجتمعية**
  - المشاركة في التدريب والتعليم
  - تقديم الدعم لتوفير الرعاية الصحية والاجتماعية
  - دعم النشاطات الرياضية والثقافية
  - العمل التطوعي والمبادرات الانسانية

- **النشاطات التي تقوم بها المؤسسة لتقليل الإزعاج والأضرار الناتجة عن عملياتها و/أو دورة حياة منتجاتها وخدماتها**
  - الأخطار الصحية وأخطار الحوادث
  - الإزعاج والروائح
  - المخاطر (السلامة)
  - التلوث والإنبعاثات السامة

- **النشاطات التي تساعد في استدامة الموارد والمحافظة عليها**
  - اختيار وسائل النقل
  - الأثر البيئي
  - تقليل وإزالة النفايات والمواد الناجمة عن عمليات التعبئة والتغليف
  - استبدال المواد الخام وغيرها من المدخلات

— الاستخدام الأمثل للمنافع، ومن ذلك على سبيل المثال الغازات، الماء، الكهرباء، المواد الجديدة أو المتكررة.

المعيار الفرعي الثاني: مؤشرات الأداء

وهي مقاييس أداء داخلية (من وجهة نظر المؤسسة) تستخدم لمراقبة وفهم وتوقع وتحسين أداء المؤسسة، وبما يعزز نتائج مقاييس الرأي. وبحسب طبيعة عمل المؤسسة من الممكن أن تشمل مؤشرات الأداء المتعلقة بالمجتمع بعض أو جميع النقاط الواردة في المعيار الفرعي السابق (مقاييس الأداء)، بالإضافة إلى النتائج التالية:

- **التعامل مع المتغيرات فيما يتعلق بمستويات التوظيف**

- **التغطية الصحفية**

- **التعامل مع السلطات المعنية حول بعض القضايا مثل:**

  — الشهادات

  — التراخيص/ الموافقات

  — التصدير والاستيراد

  — التخطيط

  — إطلاق المنتجات والخدمات الجديدة

- **الجوائز وشهادات التقدير التي حصلت عليها المؤسسة**

المعيار الرئيسي التاسع: نتائج الأداء الرئيسية

يركز هذا المعيار على نتائج المؤسسة مقارنة بالخطط الموضوعة، حيث يتضمن معيارين فرعيين هما: مخرجات الأداء الرئيسية ومؤشرات الأداء الرئيسية. وبالاعتماد على طبيعة عمل وأهداف المؤسسة فإن بعض المقاييس المتضمنة في مخرجات الأداء الرئيسية يمكن أن تندرج تحت مؤشرات الأداء الرئيسية وبالعكس.

المعيار الفرعي الأول: مخرجات الأداء الرئيسية

هذه المقاييس تحدد نتائج الأداء الرئيسية المخطط لها، وبناءً على طبيعة عمل وأهداف المؤسسة من الممكن أن تشمل:

- **مخرجات الأداء المالي**
  - سعر السهم
  - أرباح السهم (العائد)
  - هامش الربح
  - صافي الربح
  - المبيعات
  - درجة الالتزام بالموازنة

- **مخرجات الأداء غير المالي**
  - الحصة السوقية
  - الوقت اللازم لتقديم الخدمة
  - حجم المبيعات
  - معدلات النجاح

المعيار الفرعي الثاني: مؤشرات الأداء الرئيسية

وهي مقاييس الأداء التشغيلي، حيث تستخدم لمراقبة وفهم وتوقع وتحسين أداء المؤسسة. وبالاعتماد على غايات المؤسسة وأهدافها وعملياتها من الممكن أن تشمل مؤشرات الأداء الرئيسية:

- **العمليات**
  - الأداء
  - النشر والتعميم

− التقييم

− الإبداع والابتكار

− التحسين

− وقت الإنجاز (زمن الدورة)

− نسبة العيوب والأخطاء

− النضج

− الإنتاجية

− الوقت اللازم لتقديم الخدمة

● **الموارد الخارجية والشراكات**

− أداء الموردين

− أسعار الموردين

− عدد الشراكات والقيمة المضافة

− عدد المنتجات/ الخدمات المبتكرة من خلال الشراكات والقيمة المضافة لها

− عدد مبادرات التحسين والتطوير المنفذة بالتعاون مع الشركاء والقيمة المضافة لها

− تقدير جهود ومساهمات الشركاء

● **المالية**

− بنود التدفقات النقدية

− بنود الميزانية

− الاستهلاكات

− العائد على حقوق المساهمين (حقوق الملكية)

− العائد على الأصول (العائد على الاستثمار)

− تصنيف الائتمان

- **المباني والأجهزة والمعدات**
  - نسبة الأخطاء والعيوب
  - معدل دوران المخزون
  - استهلاك المرافق
  - كفاءة الاستخدام

- **التكنولوجيا**
  - نسبة الإبداع
  - قيمة الملكية الفكرية
  - براءات الاختراع
  - حقوق النشر والتأليف

- **المعلومات والمعرفة**
  - سهولة الوصول إليها
  - النزاهة
  - الملاءمة
  - توفرها في الوقت الملائم
  - مشاركة وتبادل المعرفة
  - قيمة رأس المال الفكري

وعلى جميع الأحوال، فإن **بطاقة الاستكشاف Pathfinder Card** المبينة في الشكل التالي، من الممكن أن تعطينا مؤشرات حول مدى التزام المؤسسة بمعايير النموذج الأوروبي للتميز فيما يتعلق بنظم العمل والمنهجيات وكذلك النتائج:

	نظم العمل والمنهجيات (الوسائل المساعدة - الممكنات)
المنهجيات هل المنهجية ...	• منطقية. • تركز على احتياجات المعنيين / الفئات المعنية. • تدعم السياسة والاستراتيجية. • تترابط وتتكامل مع المنهجيات الأخرى. • تتم مراجعتها وتحديثها باستمرار. • تتميز بالإبداع والمرونة والقابلية للقياس.
التطبيق هل تطبيق المنهجية ...	• يغطي جميع المجالات المتاحة في المؤسسة. • وفق ما هو متوقع. • حقق جميع المنافع المتوقعة. • نظامي. • مفهوم ومقبول من جميع المعنيين. • قابل للقياس.
المراجعة والتقييم فيما يتعلق بالمنهجية والتطبيق، هل...	• يتم قياس مدى فعاليتها بانتظام. • توفر فرص للتعلم. • تمت مقارنتها مع الآخرين. • تم تحسينها إستناداً لذلك.
	النتائج

بالنسبة للنتائج هل...

• تغطي جميع الفئات المعنية؟

• تقيس مدى وجود ومدى تطبيق المنهجيات ذات العلاقة باستخدام المؤشرات والمقاييس؟

• تُظهر اتجاهات إيجابية أو استقرار في الأداء الجيد على الأقل؟

• تم وضع مستهدفات، إذا كان الجواب نعم، فهل تم تحقيقها؟

• تم إجراء مقارنات مع الآخرين؟

• الأداء جيد مقارنةً بالآخرين؟

• هي بسبب تطبيق المنهجيات؟

• تقيس مجموعة من العوامل حالياً وفي المستقبل؟

• تعطي صورة مثالية؟

شكل رقم (12) بطاقة الاستكشاف الخاصة بمعايير النموذج الأوروبي للتميز

أما مصفوفة إعطاء العلامات وفقاً لمنهج الرادار فهي كما يلي:

أولاً: فيما يتعلق بنظم العمل والمنهجيات

جدول رقم (3) مصفوفة إعطاء العلامات الخاصة بنظم العمل والمنهجيات وفقاً لمنهج الرادار

العناصر	الخصائص	%0	%25	%50	%75	%100
المنهجية	**السلامة** - أساس منطقي وسليم - عمليات واضحة ومحددة - التركيز على احتياجات الفئات المعنية	لا يوجد أدلة أو أدلة غير كافية	يوجد بعض الأدلة	يوجد أدلة	يوجد أدلة واضحة	يوجد أدلة شاملة
	التكامل تدعم السياسة والاستراتيجية – ترابط وتتكامل مع المنهجيات الأخرى	لا يوجد أدلة أو أدلة غير كافية	يوجد بعض الأدلة	يوجد أدلة	يوجد أدلة واضحة	يوجد أدلة شاملة
المجموع		0 5 10	15 20 25 30 35	40 45 50 55 60	65 70 75 80 85	90 95 100

تابع جدول رقم (3): مصفوفة إعطاء العلامات الخاصة بنظم العمل والمنهجيات وفقاً لمنهج الردار

العناصر	الخصائص	%0	%25	%50	%75	%100
التطبيق	**التنفيذ** المنهجية مطبقة بشكل شمولي	لا يوجد أدلة أو أدلة غير كافية	تطبيق بنسبة ¼ يوجد بعض الأدلة	تطبيق بنسبة ½ يوجد أدلة	تطبيق بنسبة ¾ يوجد أدلة واضحة	تطبيق شامل يوجد أدلة شاملة
	النظامية المنهجية مطبقة بطريقة نظامية	لا يوجد أدلة أو أدلة غير كافية	تطبيق بنسبة ¼ يوجد بعض الأدلة	تطبيق بنسبة ½ يوجد أدلة	تطبيق بنسبة ¾ يوجد أدلة واضحة	تطبيق شامل يوجد أدلة شاملة
المجموع		0 5 10	15 20 25 30 35	40 45 50 55 60	65 70 75 80 85	90 95 100

تابع جدول رقم (3): مصفوفة إعطاء العلامات الخاصة بنظم العمل والمنهجيات وفقاً لمنهج الرادار

العناصر	الخصائص	%0	%25	%50	%75	%100
المراجعة والتقييم	**القياس** قياس دوري لمدى فعّالية المنهجيات وفعّالية تطبيقها	لا يوجد أدلة أو أدلة غير كافية	يوجد بعض الأدلة	يوجد أدلة	يوجد أدلة واضحة	يوجد أدلة شاملة
	التعلم نشاطات مستخدمة لتحديد ومشاركة أفضل الممارسات وفرص التحسين	لا يوجد أدلة أو أدلة غير كافية	يوجد بعض الأدلة	يوجد أدلة	يوجد أدلة واضحة	يوجد أدلة شاملة
	التحسين تحليل مخرجات عمليات القياس والتعلم لتحديد الأولويات، والتخطيط لها، وتنفيذها	لا يوجد أدلة أو أدلة غير كافية	يوجد بعض الأدلة	يوجد أدلة	يوجد أدلة واضحة	يوجد أدلة شاملة

المجموع			0	5	10	15	20	25	30	35	40	45	50	55	60	65	70	75	80	85	90	95	100		
المجموع الكلي			0	5	10	15	20	25	30	35	40	45	50	55	60	65	70	75	80	85	90	95	100		

ثانياً: فيما يتعلق بالنتائج

جدول رقم (4) مصفوفة إعطاء العلامات الخاصة بالنتائج وفقاً لمنهج الرادار

العناصر	الخصائص	%0	%25	%50	%75	%100
النتائج	**الاتجاه** الاتجاه إيجابي و/أو على الأقل أداء جيد مستقر نسبياً	لا يوجد نتائج أو يوجد بعض المعلومات	اتجاه إيجابي و/أو أداء مرضٍ في بعض النتائج	اتجاه إيجابي و/أو أداء مرضٍ في العديد من النتائج ولـ 3 سنوات على الأقل	اتجاه إيجابي واضح و/أو أداء متميز في معظم النتائج ولـ 3 سنوات على الأقل	اتجاه إيجابي واضح و/أو أداء ممتاز في جميع المجالات ولـ 5 سنوات على الأقل
	الأهداف / المستهدفات تم تحقيق المستهدفات تم تحديد المستهدفات بطريقة مناسبة	لا يوجد نتائج أو يوجد بعض المعلومات	مناسب / ملائم في بعض المجالات	مناسب / ملائم في العديد من المجالات	مناسب / ملائم في معظم المجالات	ممتاز في معظم المجالات
	المقارنات تم إجراء مقارنات مع مؤسسات أخرى، كما تمت مقارنة النتائج مع مواصفات قياسية ومعايير عالمية ونتائج متميزة متعارف عليها (أفضل الممارسات)	لا يوجد نتائج أو يوجد بعض المعلومات	مقارنات في بعض المجالات	مناسب في بعض المجالات	مناسب في معظم المجالات	ممتاز في معظم المجالات، الأفضل في العديد من المجالات
	السببية تحققت النتائج بسبب تطبيق المنهجيات	لا يوجد نتائج أو يوجد بعض المعلومات	بعض النتائج	العديد من النتائج	معظم النتائج	جميع النتائج المحافظة على التقدّم
المجموع		0 5 10	15 20 25 30 35	40 45 50 55 60	65 70 75 80 85	90 95 100

تابع جدول رقم (4): مصفوفة إعطاء العلامات الخاصة بالنتائج وفقاً لمنهج الردار

العناصر	الخصائص	%0	%25	%50	%75	%100
	المجال النتائج تغطي كافة مجالات العمل ذات العلاقة	لا يوجد نتائج أو يوجد بعض المعلومات	النتائج تغطي بعض المجالات	النتائج تغطي العديد من المجالات	النتائج تغطي معظم المجالات	النتائج تغطي جميع المجالات
المجموع		0 5 10	15 20 25 30 35	40 45 50 55 60	65 70 75 80 85	90 95 100

المجموع الكلي		0 5 10	15 20 25 30 35	40 45 50 55 60	65 70 75 80 85	90 95 100

الفصل السابع

جوائز التميز..
ودورها في تحقيق الجودة الشاملة

مقدمة

كان لجوائز التميز دور كبير في التوجهات نحو نشر وتعميق ثقافة الجودة وتبني مفاهيمها على كافة المستويات في العالم عموماً والوطن العربي على وجه الخصوص، الأمر الذي جعل العديد من الدول تسارع لاستحداث جوائز للتميز تقوم على مبادىء الجودة ومعاييرها المختلفة. وقد كان برنامج دبي للأداء الحكومي المتميز رائداً على مستوى الوطن العربي، حيث حقق نتائج انعكست فيما بعد بشكل مباشر أو غير مباشر على ما وصلت إليه دبي من مركز مرموق للتجارة والاقتصاد في منطقة الشرق الأوسط وحتى العالم، ولا شك أن ما حظيت به هذه الجوائز من اهتمام ورعاية على أعلى المستويات كان له أكبر الأثر في تبنيها من قبل العديد من المؤسسات في القطاعين العام والخاص، حتى أنها شملت في الآونة الأخيرة كذلك جمعيات الأعمال ومؤسسات المجتمع المدني.

وسوف نتعرض في هذا الفصل لجائزة الملك عبدالله الثاني للتميز بكافة قطاعاتها (العام والخاص وجمعيات الأعمال)، وبرنامج دبي للأداء الحكومي المتميز، وكذلك جائزة الملك عبدالعزيز للجودة كأمثلة على ما وصلت إليه هذه الجوائز في الوطن العربي وما حظيت به من دعم ورعاية، لتؤكد التوجهات التي سبق الإشارة إليها على الاهتمام المتزايد بالجودة كعنصر أساسي ومحوري في تقدّم المجتمعات على مر الزمان والعصور.

وإن كنا قد استعرضنا في الفصل السابق النموذج الأوروبي للتميز باعتباره من أكثر النماذج العالمية استخداماً وشيوعاً في هذا المجال، وسنقوم باستعراض بعض تجارب الدول العربية في مجال جوائز التميز في هذا الفصل، فلا يجب أن ننسى ما أشرنا إليه في الفصول الأولى من هذا الكتاب من ناحية، وأن هناك العديد من النماذج والجوائز المعروفة في العالم من ناحية أخرى، ومنها على سبيل المثال لا الحصر جائزة ديمنج وجائزة مالكوم بالدريج.

وفيما يلي عرضاً موجزاً لأهم نماذج وجوائز التميز في العالم والوطن العربي:

جائزة ديمنج[1] Deming Prize

وهي واحدة من أهم وأقدم جوائز إدارة الجودة الشاملة في العالم، تأسست في عام 1951 من قبل اتحاد العلماء والمهندسين اليابانيين، وذلك تقديراً وإعترافاً بجهود ديمنج ومساهماته الكبيرة في مجال الجودة، وتحديداً مساهماته في تطوير أدوات الجودة واستخداماتها في أعقاب الحرب العالمية الثانية كما سبق الإشارة في الفصل الأول من هذا الكتاب عند الحديث عن رواد الجودة الشاملة، والتي كانت أحد أسباب تفوّق المنتجات اليابانية على مستوى العالم.

وتمنح جائزة ديمنج لثلاث فئات هي الأفراد وفرق العمل، المؤسسات ووحدات العمل التابعة لها التي تعمل بشكل مستقل، وحدات العمل على المستوى التشغيلي. **وكما هو مبين في الجدول التالي:**

جدول رقم (5)
فئات جائزة ديمنج

	الفئة	الجهة ذات العلاقة
.1	جائزة ديمنج للأفراد	وتمنح للأفراد الذين كان لهم مساهمات بارزة في دراسات إدارة الجودة الشاملة أو الطرق الإحصائية المستخدمة في مجالاتها، كما وتمنح للأفراد الذين كان لهم مساهمات في نشر مبادىء ومفاهيم إدارة إدارة الجودة الشاملة.
.2	جائزة التطبيق لديمنج	وتمنح للمؤسسات أو وحدات العمل التابعة لها التي تعمل بشكل مستقل، والتي كان لها مساهمات متميزة في تطوير أدائها من خلال تطبيقات إدارة الجودة الشاملة.

---

(1) The Deming Prize Guide 2008 - For Overseas.

3.	جائزة مراقبة الجودة لوحدات العمل على المستوى التشغيلي	وتمنح لوحدات العمل في المؤسسات التي كان لها مساهمات متميزة في تطوير الأداء من خلال تطبيق مراقبة الجودة كأداة من أدوات الجودة الشاملة.

وقد عرّفت لجنة جائزة ديمنج الجودة بأنها " مجموعة من النشاطات المتكاملة والمترابطة التي تقوم بها المؤسسة بكفاءة وفاعلية لتحقيق أهدافها وتقديم منتجات وخدمات بمستوى عالٍ من الجودة، يلبي احتياجات وتوقعات العملاء في الوقت الملائم والسعر المناسب.

ويمكن تلخيص أهم المعايير التي تقوم عليها الجائزة بما يلي:

1. **سياسات الإدارة**، ويرتبط بها كل ما يتعلق بمبادىء وطبيعة العمل لدى المؤسسة، واستراتيجياتها وأهدافها وكيفية تعاملها مع التحديات فيما يتعلق بتوجهاتها نحو الجودة والتركيز على العملاء.

2. **تطوير المنتجات وابتكار طرق جديدة في العمل**، وذلك بما يسهم في تلبية احتياجات العملاء وزيادة مستويات الرضا لديهم.

3. **الصيانة وتحسين المنتجات والعمليات على المستوى التشغيلي**، وذلك من خلال إدارة الأعمال اليومية ونشاطات التحسين المستمر.

4. **إيجاد مجموعة من النظم المتكاملة** لإدارة كل ما يتعلق بنوعية وكمية وتكاليف ما يتم إنتاجه وتقديمه من منتجات وخدمات، بالإضافة إلى العوامل المرتبطة بالأمان والبيئة وما إلى ذلك.

5. **جمع وتحليل المعلومات**، سواء كان ذلك من داخل المؤسسة أو من خلال الأسواق التي تعمل فيها، بما يضمن الاستفادة منها واستخدامها بكفاءة وفاعلية، أما بطرق إحصائية او باستخدام تكنولوجيا المعلومات.

6. **تطوير الموارد البشرية**، وذلك بطريقة مخططة ومدروسة، وبما يضمن التحسين المستمر للمنتجات والخدمات والعمليات.

وفيما يلي جدولاً يبين معايير جائزة ديمنج الرئيسية والفرعية، والنقاط الخاصة بكل معيار:

جدول رقم (6)

معايير تقييم جائزة ديمنج

الرقم	بنود التقييم (*)	النقاط
1.	**سياسات الإدارة ونشرها وتعميمها**	**20**
	السياسات والاستراتيجيات	10
	النشر والتعميم	10
2.	**تطوير المنتجات، ابتكار طرق جديدة في العمل**	**20**
	الالتزام والتبني	10
	النتائج	10
3.	**الصيانة والتحسين**	**20**
	العمل اليومي	10
	التحسين المستمر	10
4.	**نظم العمل**	**10**
5.	**تحليل المعلومات واستخدام تكنولوجيا المعلومات**	**15**
6.	**تطوير الموارد البشرية**	**15**
المجموع		**100**

(*) هذا ويتم التقييم عمودياً استناداً إلى البنود المشار إليها، وأفقياً استناداً إلى أربعة عوامل هي الفعّالية، الثبات، الاستمرارية، الشمولية.

وبشكل عام، فقد أمكن استخلاص أهم آثار تطبيق جائزة ديمنج من خلال المؤسسات التي فازت بها وكما يلي:

- نشر وتعميق مفاهيم الجودة.

- تخفيض التكاليف.

- التوسع في المبيعات.

- زيادة الأرباح.

- الالتزام بتطبيق خطط العمل.

- تحقيق توجهات وتطلعات – رؤى الإدارات العليا.

- التحسين المستمر في جودة المنتجات والخدمات.

- تشجيع التفكير الإبداعي.

- تعزيز أخلاقيات العمل كمبدأ عام.

- رفع الكفاءة والفاعلية على مستوى المؤسسة ككل.

جائزة مالكوم بالدريج[1] Malcom Balridge National Award

تأسست جائزة مالكوم بالدريج الوطنية للجودة في الولايات المتحدة الأمريكية في عام 1987، وقد سميت بذلك نسبةً إلى مالكوم بالدريج وزير التجارة في الولايات المتحدة الأمريكية خلال الفترة من عام 1981 وحتى وفاته في عام 1987، وذلك تقديراً لمساهماته وجهوده في تحسين كفاءة وفاعلية الخدمات الحكومية طيلة فترة عمله. ويقوم بإدارة الجائزة المعهد الوطني للمقاييس والتكنولوجيا التابع لوزارة التجارة الأمريكية (NIST)[*]، وذلك عن طريق تشجيع الابتكار والتنافس بين المؤسسات باستخدام طرق وأساليب علمية ومعايير عالمية وتكنولوجيا المعلومات بطرق تعّزز الأمن الإقتصادي والجودة في مختلف مناحي الحياة، كما وتساهم الجمعية الأمريكية للجودة في إدارة الجائزة من خلال نشر مفاهيم الجودة وتوفير الطرق والأساليب أو الأدوات اللازمة لذلك.

هذا وتقوم الجائزة على سبعة معايير أساسية هي:

1. القيادة Leadership

ويتعلق معيار القيادة بمدى مساهمة القادة الشخصية في توجيه واستمرارية المؤسسة، وإيجاد نظام للحاكمية، بالإضافة إلى تلبية المتطلبات القانونية والأخلاقية وتحمّل المسؤولية الاجتماعية. وبشكل عام فإن هذا المعيار يغطي المحاور التالية:

أ. الرؤية والرسالة والقيم الجوهرية.

ب. الاتصال والأداء المؤسسي.

ج. الحاكمية المؤسسية.

د. النواحي القانونية وأخلاقيات العمل.

ه. المسؤولية الاجتماعية.

---

[1] **Balridge National Quality Program 2009 - 2010,** Criteria for Performance Excellence.

(*) **NIST:** The National Institute of Standards and Technology.

2. **التخطيط الاستراتيجي** Strategic Planning

ويتعلق معيار التخطيط الاستراتيجي بكيفية قيام المؤسسة بتطوير الخطة الاستراتيجية وطرق نشرها وتعميمها. وبشكل عام فإن هذا المعيار يغطي المحاور التالية:

أ.   عملية التخطيط الاستراتيجي.

ب. تحديد الأهداف الاستراتيجية.

ج. إعداد خطط العمل.

د. مراجعة الأداء المؤسسي.

3. **التركيز على العملاء** Customer Focus

وبشكل عام فإن هذا المعيار يغطي كل ما يتعلق بإدارة العلاقات مع العملاء، وكيفية قيام المؤسسة بالاستفادة من التغذية الراجعة، وذلك من خلال:

أ.   تلبية احتياجات العملاء وتجاوز توقعاتهم.

ب. بناء ثقافة مؤسسية مساندة.

ج. الحصول على التغذية الراجعة.

د. قياس مستوى الرضا لدى العملاء.

4. **القياس، التحليل وإدارة المعرفة**

Measurement, Analysis, and Knowledge Management

يغطي هذا المعيار كيفية قيام المؤسسة بقياس وتحليل وتحسين الأداء المؤسسي من ناحية، وكذلك كيفية قيامها بإدارة المعلومات والمعرفة وتعاملها مع تكنولوجيا المعلومات من ناحية أخرى. ويتضمن ذلك:

أ.   قياس مستويات الأداء.

ب.   مراجعة وتحليل الأداء.

ج.   تحسين الأداء.

د.   التعامل مع البيانات والمعلومات والمعرفة.

ه.   إدارة الموارد المعلوماتية والتكنولوجية.

5. **الاهتمام بالعاملين**   Workforce Focus

ويرتبط بالنواحي المتعلقة بكيفية قيام المؤسسة بالتعامل مع الموارد البشرية وتوفير بيئة عمل ملائمة، وذلك من خلال:

أ.   تعزيز رضا العاملين.

ب.   تدريب العاملين وتطوير القادة.

ج.   تحديد احتياجات ومتطلبات العاملين.

د.   تحديد الاحتياجات من الموارد البشرية.

ه.   توفير بيئة عمل صحية وآمنة.

6. **إدارة العمليات**   Process Management

ويتعلق بكيفية قيام المؤسسة بتصميم وتطوير نظم العمل لديها، وكذلك كيفية قيامها بتصميم وتطوير وتبسيط عملياتها، بما يسهم في تحقيق أهدافها ونجاحها وديمومتها. وبشكل عام فإن هذا المعيار يغطي المحاور التالية:

أ.   تصميم نظم العمل.

ب.   تحديد العمليات الرئيسية.

ج.   الاستعداد للطوارىء.

د.	تصميم العمليات.

ه.	تطبيق العمليات.

و.	تحسين العمليات.

7.	النتائج		Results

وتتعلـق بتقيـيم الأداء المؤسسي- في مجـالات العمـل الرئيسية، بحيـث تغطـي النتـائج المتعلقـة بالمنتجات والخدمات، العملاء، الأسواق والأداء المالي، رضا العاملين، كفـاءة العمليـات، والمؤسسـة ككـل. وبشكل عام فإن هذا المعيار يغطي المحاور التالية:

أ.	جودة المنتجات والخدمات.

ب.	نتائج العملاء.

ج.	الأداء المالي والأسواق.

د.	نتائج العاملين.

ه.	كفاءة العمليات والأداء التشغيلي.

و.	الأداء المؤسسي.

وكما في معظم نماذج التميز الأخرى، فقد أعطى هذا النموذج 450 نقطة مـن أصل 1000 نقطة، أي ما نسبته 45% من مجموع النقاط للنتائج، وهذا يعـزّز مـا سـبق وأشرنـا إليـه مـن أن التركيـز علـى النتائج مبدأ أساسي من مبادىء التميز. كما ويلاحظ أن القيادة قد أخذت 120 نقطـة مـن أصـل 1000 نقطة أي ما نسبته 12%، لما لها من دور هام وحيوي في التحوّل نحو تبني وتطبيق مفاهيم التميز.

والجدول التالي يبين معايير جائزة ملكوم بـالدريج للتميز الرئيسية والفرعيـة والنقـاط الخاصـة بكل معيار:

جدول رقم (7)

معايير جائزة مالكوم بالدريج

العلامة	المعايير الفرعية	المعيار الرئيسي
70	1/1 القيادة العليا	القيادة
50	2/1 الحاكمية المؤسسية والمسؤولية الاجتماعية	
120		
40	1/2 تطوير الخطة الاستراتيجية	التخطيط الاستراتيجي
45	2/2 نشر وتعميم الخطة الاستراتيجية	
85	المجموع	
40	1/3 إدارة العلاقة مع العملاء	الاهتمام بالعملاء
45	2/3 الاستفادة من التغذية الراجعة	
85	المجموع	
45	1/4 القياس والتحليل، تحسين الأداء	القياس، التحليل، وإدارة المعرفة
45	2/4 إدارة المعلومات والمعرفة، تكنولوجيا المعلومات	
90	المجموع	
45	1/5 إدارة العلاقة مع العاملين	الاهتمام بالعاملين
40	2/5 بيئة العمل	
85	المجموع	
35	1/6 نظم العمل	إدارة العمليات
50	2/6 نظم العمليات	
85	المجموع	
100	1/7 جودة المنتجات والخدمات	النتائج
70	2/7 نتائج العملاء	
70	3/7 الأداء المالي والأسواق	
70	4/7 نتائج العاملين	
70	5/7 الأداء التشغيلي	
70	6/7 الأداء المؤسسي	
450	المجموع	

وفي الوطن العربي، بالإضافة إلى جائزة الملك عبدالله الثاني للتميز وبرنامج دبي للأداء الحكومي المتميز وجائزة الملك عبدالعزيز للجودة والتي سيتم استعراضها في هذا الفصل كأمثلة على جوائز التميز العربية، هناك أيضاً جائزة الشيخ خليفة للامتياز، جائزة أبو ظبي للأداء الحكومي المتميز، برنامج عجمان للتميز، جائزة الشيخ جابر للجودة والعديد غيرها. ومن المتوقع أن تشهد المرحلة المقبلة المزيد من هذه الجوائز في الوطن العربي بعد أن حققت التجارب السابقة نجاحات يشار إليها بهذا الخصوص.

جائزة الملك عبدالله الثاني للتميز للقطاع الخاص(1)

في الأردن ثلاث جوائز للتميز هي:

1. جائزة الملك عبدالله الثاني للتميز للقطاع الخاص.
2. جائزة الملك عبدالله الثاني لتميز الأداء الحكومي والشفافية.
3. جائزة الملك عبدالله الثاني للتميز لجمعيات الأعمال.

حيث تدار هذه الجوائز من قبل مركز الملك عبدالله الثاني للتميز الذي تأسس في كانون الثاني من عام 2006 ويعد المرجعية الوطنية للجودة والتميز في الأردن في كافة القطاعات، ويهدف إلى:

1. نشر ثقافة التميز عن طريق نشر الوعي بمفاهيم الأداء المتميز والإبداع والجودة بما يتفق والنماذج العالمية للتميز.

(1) دليل الإشتراك، جائزة الملك عبد الله الثاني للتميز للقطاع الخاص - الدورة الخامسة (2007 - 2008).

2.   توفير مرجعية إرشادية وأسس معيارية لقياس مـدى التقـدم والتطـور في أداء الجهـات والمؤسسات والهيئات الرسمية وغير الرسمية وتعزيز التنافس الإيجابي بينها.

أهداف الجائزة

تم تأسيس جائزة الملك عبدﷲ الثاني للتميز للقطاع الخاص في عام 1999 كأرفع جائزة للتميز علـى المستوى الوطني في المملكة الأردنية الهاشمية، وذلك بهدف:

1.   تعزيز التنافسية لدى المؤسسات الأردنية عن طريق نشر الـوعي بمفاهيم إدارة الجودة الشاملة والأداء المتميز.

2.   إبراز الجهـود المتميـزة للمؤسسـات الوطنيـة وإنجازاتهـا في تطـوير أنظمتهـا ومنتجاتهـا/ خدماتها.

3.   تحفيز مؤسسات القطاع الخاص على المنافسة المحلية والدولية وتحقيق التميز في جميـع المجالات.

4.   تبادل الخبرات المتميزة بين المؤسسات الأردنية ومشاركة قصص النجاح فيما بينها.

فئات الجائزة

تمنح الجائزة في كل دورة لمؤسسة فائزة أو أكثر في كلٍ من القطاعات الموضحة في الجدول التالي:

جدول رقم (8)

فئات جائزة الملك عبدالله الثاني للتميز للقطاع الخاص

تسلسل	الفئة	عدد العاملين ورأس المال
1.	المؤسسات الصناعية الكبيرة أو وحداتها الفرعية	عدد العاملين 250 أو أكثر ورأس المال المسجل 30 ألف دينار فأكثر
2.	المؤسسات الخدمية الكبيرة أو وحداتها الفرعية	عدد العاملين 250 أو أكثر ورأس المال المسجل 30 ألف دينار فأكثر
3.	المؤسسات الصناعية الصغيرة والمتوسطة	عدد العاملين 249 أو أقل ورأس المال المسجل 30 ألف دينار فأقل
4.	المؤسسات الخدمية الصغيرة والمتوسطة	عدد العاملين 249 أو أقل ورأس المال المسجل 30 ألف دينار فأقل
5.	المؤسسات الزراعية والتسويق الزراعي	-
6.	المؤسسات التي فازت بالجائزة في دورتين أو أكثر	-

مميزات المشاركة والحصول الجائزة

لعل أهم مميزات المشاركة والحصول على الجائزة تتمثل بما يلي:

1. يمنح الفائز بالجائزة تذكاراً يمثل جائزة الملك عبدالله الثاني للتميز للقطاع الخاص، مما يعتبر حافزاً وتكريماً معنوياً للمؤسسة الأكثر تميزاً وكفاءة في قطاعها، حيث تعتبر مثالاً وطنياً يحتذى به.

2. تحصل المؤسسة الفائزة على معاملة تفضيلية من قبل المؤسسات ذات العلاقة (مثل مؤسسة المواصفات والمقاييس، دائرة الجمارك، دائرة العطاءات الحكومية، ...الخ).

3. يحق للمؤسسة الفائزة وضع شعار الجائزة على مطبوعاتها، كما يحق لها نشر وترويج فوزها بالجائزة.
4. يقوم مركز الملك عبد اللهِ الثاني للتميز بنشر قصص نجاح المؤسسات الفائزة بالجائزة، كما وتقوم المؤسسات الفائزة بالجائزة كذلك بعرض قصص نجاحها ومشاركتها مع المؤسسات الأخرى.
5. تحصل كل مؤسسة مشاركة على تقرير تقييمي استناداً إلى معايير الجائزة يوضح نقاط القوة ومجالات التحسين، مما يشكل فرصة جيدة بالنسبة لها لتطوير أنظمتها وتحسين عملياتها مما يؤثر إيجاباً على أدائها.

معايير الجائزة

تتكون الجائزة من خمسة معايير أساسية، أربعة منها تتعلق بالمسببات وهي: القيادة والتخطيط الاستراتيجي وإدارة الموارد وإدارة العمليات، أما المعيار الخامس فيتعلق بالنتائج. **وكما هو موضح في الشكل التالي:**

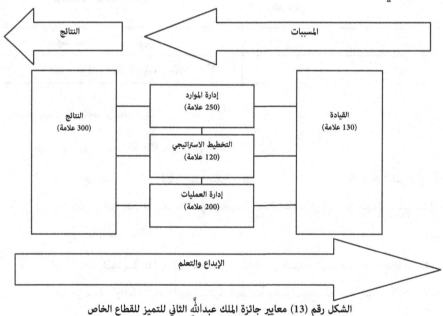

الشكل رقم (13) معايير جائزة الملك عبداللهِ الثاني للتميز للقطاع الخاص

وكما يلاحظ من الشكل في الصفحة السابقة، فإن علامة النتائج تمثل ما نسبته 30% من العلامة الكلية، مما يؤكد مرة أخرى على ما سبق الإشارة إليه بأن المؤسسات التي تتبنى الجودة الشاملة وتسعى نحو التميز لا بد أن تكون موجهة بالنتائج، ومقارنةً مع النموذج الأوروبي للتميز فقد أعطى النتائج 50%، وكذلك بالنسبة لبرنامج دبي للأداء الحكومي المتميز كما سنرى لاحقاً، في حين أعطت جائزة مالكوم بالدريج النتائج ما نسبته 45% من مجموع النقاط.

وبشكل عام فإن الجدول التالي يبين المعايير الرئيسية والفرعية لجائزة الملك عبد اللهِ الثاني للتميز للقطاع الخاص(*):

جدول رقم (9) معايير جائزة الملك عبد اللهِ الثاني للتميز للقطاع الخاص

المعيار الرئيسي	المعايير الفرعية	العلامة
القيادة	1/1 الرؤية والرسالة والقيم	20
	2/1 الحاكمية المؤسسية والمسؤولية الاجتماعية	15
	3/1 اختيار وملاءمة الإدارة العليا	20
	4/1 تطوير قدرات الإدارة العليا	20
	5/1 دعم الإدارة العليا	20
	6/1 دعم نشاطات الابتكار والإبداع	15
	7/1 مراجعة الأداء المؤسسي	20
	المجموع	130
التخطيط الاستراتيجي	1/2 تحليل البيئة الداخلية والخارجية	35
	2/2 الأهداف المؤسسية	20
	3/2 الاستراتيجيات	15
	4/2 خطط العمل	20
	5/2 المراقبة والضبط	30
	المجموع	120

(*) لمزيد من التفاصيل يمكن الرجوع إلى دليل جائزة الملك عبداللهِ الثاني للتميز للقطاع الخاص، الدورة الخامسة (2007 - 2008).

تابع جدول رقم (9) معايير جائزة الملك عبدالله الثاني للتميز للقطاع الخاص

العلامة	المعايير الفرعية	المعيار الرئيسي
90	1/3 الموارد البشرية	إدارة الموارد
50	2/3 الموارد المعلوماتية والمعرفية	
50	3/3 الموارد المالية	
35	4/4 الموارد المادية	
25	5/3 الموارد التقنية (التكنولوجية)	
250	المجموع	
30	1/4 التنسيق والاتصال	إدارة العمليات
30	2/4 تصميم العمليات وتبسيطها	
60	3/4 أنظمة إدارة الجودة	
30	4/4 إدارة البيئة	
50	5/4 إدارة علاقات العملاء	
200	المجموع	
55	1/5 نتائج العملاء	النتائج
40	2/5 نتائج العاملين	
40	3/5 جودة المنتج/الخدمة والأداء التشغيلي	
20	4/5 أداء الموردين	
40	5/5 الأثر على الإقتصاد المحلي	
25	6/5 الأثر على المجتمع المحلي	
80	7/5 النتائج المالية	
300	المجموع	

جائزة الملك عبد اللهِ الثاني لتميز الأداء الحكومي والشفافية[1]

إنشاء الجائزة

تم تأسيس جائزة الملك عبداللهِ الثاني لتميز الأداء الحكومي والشفافية في عام 2002، أي بعد ما يقارب ثلاث سنوات على تأسيس جائزة الملك عبدالله الثاني للتميز للقطاع الخاص والتي تأسست في عام 1999، وذلك بهدف تعزيز دور القطاع العام في خدمة المجتمع الأردني بكافة قطاعاته ومجتمع الإستثمار، عن طريق نشر الوعي بمفاهيم إدارة الجودة الشاملة والأداء المتميز وإبراز الجهود المتميزة للمؤسسات الحكومية وعرض إنجازاتها في تطوير أنظمتها وخدماتها، وبحيث تكون أرفع جائزة للتميز في القطاع العام على المستوى الوطني.

رؤية الجائزة

تجذير ثقافة التميز لدى المؤسسات الحكومية في الأردن، بحيث تعمل المؤسسات والأفراد على التميز في أدائهم للوصول إلى الممارسات الدولية المثلى أو التفوق عليها.

رسالة الجائزة

توفير بيئة تساعد على خلق ثقافة التميز ونشرها في المؤسسات وذلك بوضع معايير ترسي أسس التميز وتدعم السياسات والبرامج والحوافز التي تؤدي إلى ذلك.

أهداف الجائزة

يكمن الهدف الرئيسي للجائزة في دعم وتشجيع المؤسسات الحكومية على القيام بالواجبات والمهام الموكلة إليها بأقصى درجة من الكفاءة والاحتراف عن طريق نشر الوعي بمفاهيم الجودة والأداء المتميز والشفافية، الأمر الذي من شأنه أن يساعد على

(1) دليل الجائزة، جائزة الملك عبداللهِ الثاني لتميز الأداء الحكومي والشفافية، الدورة الرابعة (2007 - 2008).

إحداث نقلة نوعية وتطوير في أداء الوزارات والمؤسسات الحكومية في خدمة المواطنين والمستثمرين وتعزيز الموقع التنافسي للأردن على مستوى المنطقة والعالم. **ومن الأهداف الأخرى للجائزة:**

- تعزيز تبادل الخبرات بين مؤسسات القطاع العام ومشاركة بعضها البعض قصص النجاح في الممارسات الإدارية الناجحة.

- توفير مرجعية إرشادية وأسس معيارية لقياس مدى التقدّم والتطوّر في أداء المؤسسات الحكومية في المملكة.

- المساهمة في تطوير القطاع الحكومي والارتقاء بمستوى أدائه.

- المساعدة في دعم برامج التنمية والتخطيط الاستراتيجي في هذه المؤسسات.

مميزات المشاركة والحصول على الجائزة

ولعل أهم مميزات الإشتراك والحصول على الجائزة تتمثل بما يلي:

- يمثل الفوز إنجازاً رفيعاً للمؤسسة/الوزارة الفائزة، كما أن الحائز عليها يعتبر مثالاً يحتذى به وقدوة حسنة في المجتمع المدني.

- تمنح المؤسسة/الوزارة الحائزة على الجائزة تذكاراً يمثل جائزة الملك عبدالله الثاني لتميز الأداء الحكومي والشفافية وشهادة شكر وتقدير، مما يعتبر حافزاً وتكريماً معنوياً للوزارة/ المؤسسة والعاملين فيها.

- يحق للوزارة/المؤسسة الفائزة وضع شعار الجائزة على مطبوعاتها.

- يستلم الموظف الحائز على جائزة الموظف الحكومي المتميز تذكاراً للجائزة وشهادة تقدير ومكافأة مالية.

- وأخيراً، تحصل الوزارة/المؤسسة على تقرير تقييمي حول أدائها يتضمن أهم نقاط القوة ومجالات التحسين، مما يساعد الوزارات والمؤسسات في فحص وتطوير أنظمتها وأدائها.

فئات الجائزة

1. أفضل وزارة.

2. أفضل مؤسسة عامة /دائرة/ سلطة مستقلة.

3. أفضل إنجاز.

4. أفضل وزارة تشارك لأول مرة.

5. فئة الموظف الحكومي المتميز (القيادي أو الإشرافي، الإداري أو الفني، المساند).

6. أية فئة يحددها مجلس الأمناء مثل فئة الأداء الشامل المتميز.

معايير الجائزة

تقيس معايير الجائزة مدى تبني مؤسسات القطاع العام للأسس الثلاثة للممارسات المثلى للحكومات الحديثة، وصولاً إلى رؤية الجائزة والمتمثلة بتجذير ثقافة التميز.

الأسس الثلاثة للجائزة، وهي الأسس الثلاثة للممارسات المثلى للحكومات الحديثة:

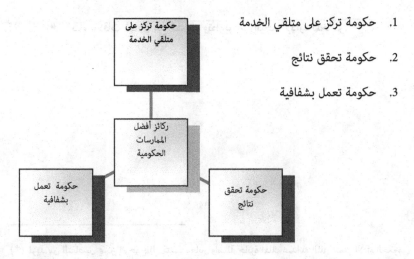

1. حكومة تركز على متلقي الخدمة

2. حكومة تحقق نتائج

3. حكومة تعمل بشفافية

هذا وتقوم الجائزة على خمسة معايير رئيسية، يتفرع عن كلٍ منها معايير فرعية وعوامل، وكما يلي(*):

المعيار الرئيسي الأول: القيادة

يتناول هذا المعيار قدرة القيادة على توجيه المؤسسة بشكل فاعل لتحقيق الأهداف المؤسسية والمساهمة في تحقيق الأهداف الوطنية والمبادرات الملكية ذات الصلة، وتوفير الموارد اللازمة لذلك.

كما ويقيس كذلك مدى التزام قيادة المؤسسة **بالركائز الثلاثة** التي سبق الإشارة إليها والمتعلقة بالتركيز على متلقي الخدمة وتحقيق أفضل النتائج والعمل بشفافية، وذلك من خلال:

- إعداد وتطوير استراتيجية تتضمن أهداف مؤسسية واضحة ومحددة تنبثق عن الأهداف الوطنية والمبادرات الملكية ذات الصلة.

- إيجاد ثقافة مؤسسية تدعم وتعزز القدرة على تحقيق الاستراتيجية.

- تطوير وتطبيق طرق وأساليب عمل لتحقيق تلك الأهداف، بالإضافة إلى متابعة وتقييم الأداء المؤسسي.

- بناء علاقات تعاون مع الشركاء وتطوير استراتيجية لإدارة المخاطر.

───────────────────

(*) لمزيد من التفاصيل يمكن الرجوع إلى كتيب معايير وأسئلة جائزة الملك عبدالله الثاني لتميز الأداء الحكومي والشفافية، الدورة الرابعة (2007 – 2008).

وبشكل عام يتضمن معيار القيادة ثلاثة معايير فرعية هي:

```
                    معيار القيادة

إطار عمل              الثقافة الداعمة          المراقبة والتقييم
التخطيط الاستراتيجي      (المساندة)
```

المعيار الفرعي رقم (1): إطار عمل التخطيط الاستراتيجي

ويتعلق بشكل أساسي بعملية التخطيط الاستراتيجي للمؤسسة بما ذلك رؤيتها ورسالتها وخطتها الاستراتيجية من ناحية، ومدى انسجامها وتوافقها مع الأهداف الوطنية والمبادرات الملكية من ناحية أخرى. ويقوم هذا المعيار على ثلاثة عوامل:

العامل الأول: الرؤية والرسالة

وذلك من خلال فهم الوضع الحالي والتوجه المستقبلي للمؤسسة وصولاً إلى تحقيق الأهداف المؤسسية المرجوة، حيث تعتبر الرؤية كبوصلة لتوجيه المؤسسة وتعبيراً موجزاً لتطلعاتها المستقبلية، فيما تهدف الرسالة إلى تحديد كيفية قيام المؤسسة بتحقيق رؤيتها.

وقد عرّفت الجائزة الرؤية بأنها " عبارة تمثل تصوراً يبين طموح المؤسسة وما تسعى أن تكون عليه مستقبلاً "، في حين أن الرسالة "بيان يشمل وصف نشاط المؤسسة والهدف من إنشائها وطبيعة عملها، وما تتوقعه منها جميع الفئات المعنية". ويفضل أن تكون الرسالة قصيرة واضحة وسهلة الفهم.

وبشكل عام يبحث هذا العامل في الإجابة على التساؤلات التالية:

- مدى وجود رؤية ورسالة للمؤسسة.

- كيف قامت بتوثيقها؟

- كيف تضمن أنها ستوجهها بالإتجاه الصحيح؟

العامل الثاني: الخطة الاستراتيجية

وذلك من خلال قيام المؤسسة بتطوير خطة استراتيجية تساعدها على تحقيق غاياتها وأهدافها عـن طريـق ترجمتها إلى أهـداف محـددة قابلـة للقيـاس وتحديـد البـرامج والأنشـطة والإجـراءات والمسؤوليات والإطار الزمني اللازم لإنجازها. وبشكل عام يقيس هذا العامل ما يلي:

- مدى قيام المؤسسة بوضع خطة استراتيجية؟

- كيف قامت بذلك؟ وهل تقوم بمراجعتها وتحديثها بشكل دوري؟

- ما هي المعايير والأساليب المتبعة في ذلك؟

العامل الثالث: الصلة بالأهداف الوطنية والمبادرات الملكية(*)

وذلك من خلال قيام المؤسسة بتحديد أهدافها الاستراتيجية وربطها بالأهداف الوطنية والمبادرات الملكية ذات الصلة، ومن ثم تحديد الأولوية النسبية لكل منها بالنسبة للمؤسسة. أي أن هذا العامـل يتعلق بكيفية قيام المؤسسة بتحديد الأهداف الوطنية والمبادرات الملكية التي تدعمها هذا مـن ناحيـة، ومن ناحية أخرى كيف تقوم بتخطيط وتنفيذ وقياس مدى التقدّم الذي تحرزه في تحقيقها؟

(*) عرّفت الجائزة الأهداف الوطنية بأنها الأهداف التي يتم تحديدها بناءً على الرسائل الملكية، خطابات التكليف السامي، الأجندة الوطنية، ووثيقة " كلنا الأردن ".

المعيار الفرعي رقم (2): الثقافة الداعمة (المساندة)

ويتعلق بكيفية قيام المؤسسة بوضع قيم جوهرية وترجمتها إلى خطط وبـرامج عمـل عـلى أرض الواقع، بما يدعم ويعزز قدرة المؤسسة على تحقيق رؤيتها ورسالتها وأهدافها الاستراتيجية. **ويرتبط بهذا المعيار عاملين هما:**

العامل الأول: القيم والمسؤولية الاجتماعية

ويتعلق هذا العامل بقيّم المؤسسة التي تود تنميتها بين موظفيها بمـا يُعـزز قـدرتها عـلى تحقيـق رؤيتها ورسالتها وأهدافها.

كما ويتعلق كذلك بمدى التزام المؤسسة بدعم المجتمع المحلي مـن خـلال المشاركة في النشـاطات المجتمعية، مثل المشاركة في التدريب والتعليم، دعم النشاطات الرياضية والثقافية، دعم المشـاريع الخيرية والجهود والمبادرات التطوعية، ... الخ. ويشير أيضاً إلى الجهود التي تقـوم بهـا المؤسسـة لتقليـل الأضرار الناجمة عن عملها مثل الأخطار الصحية والحوادث، السلامة العامة، الضوضاء والتلوث البيئي.

هذا وقد عرّفت الجائزة القيّم بأنها " المعايير الأخلاقية والقيم الشخصية والسلوكيات التـي تـود المؤسسة تنميتها بين موظفيها ". أما المسؤولية الاجتماعيـة Social Responsibility فقـد تـم تعريفهـا بأنها " قيام و/أو دعم المؤسسة لمبادرات ومشاريع تؤكد التزامها بخدمة وتنمية المجتمع المحلي وتفعيل دورها لتساهم بشكل أكبر بتوفير ظروف ملائمة للتنمية البشرية والاقتصادية والاجتماعية والعلميـة والبيئية بما يتجاوز نطاق المهام والمسؤوليات الرئيسية والمباشرة".

وباختصار، فإن هـذا العامـل يتنـاول مـدى قيـام المؤسسـة بتوثيق مجموعة مـن القيـم الجوهريـة ونشرها وتعميمهـا بـين موظفيها من ناحية، وكيفية قيامها بتعريـف وتحديـد دورهـا في مجال المسؤولية الاجتماعية من ناحية أخرى.

العامل الثاني: تمكين الموظفين

يتناول هذا العامل كيفية قيام المؤسسة بما يلي:

- توفير التدريب المناسب وتزويد الموظفين بالمعرفة والمهارات الضرورية.

- تفويض الموظفين الصلاحيات المرتبطة بطبيعة عملهم لتمكينهم من القيام بمهامهم على أكمل وجه.

- توفير الفرص والموارد اللازمة لتحقيق ذلك والحصول على المخرجات المحددة بأكثر الطرق فعّالية وكفاءة.

وبشكل عام يمكن القول أن التمكين يرتبط بالتدريب بشقيه الداخلي والخارجي والتحفيز بنوعيه المادي والمعنوي من ناحية، وتفويض الصلاحيات من ناحية أخرى، وبالتأكيد مع ما يتطلبه ذلك من توفير للموارد بما فيها الموارد المعلوماتية وفي الوقت المناسب.

المعيار الفرعي رقم (3): المراقبة والتقييم

ويتعلق بكيفية قيام المؤسسة بإجراء عملية مراجعة وتقييم لأدائها بشكل دوري بهدف تحديد نقاط القوة ومجالات التحسين، تقييم مدى إنجازها للأهداف الوطنية والمبادرات الملكية التي تدعمها وتساهم في تحقيقها بالتعاون مع المؤسسات الأخرى، إدارة المخاطر الرئيسية بطريقة فاعلة. **ويرتبط بهذا المعيار ثلاثة عوامل هي:**

العامل الأول: تحقيق المخرجات المستهدفة

يتناول هذا العامل كيفية قيام المؤسسة بالاستفادة من نتائج مراجعتها للخطة الاستراتيجية وخطط العمل وترجمتها إلى أولويات واضحة ومحددة تستهدف تحسين الأداء، تحديد مؤشرات الأداء الكمية والنوعية، المنهجيات (طرق وأساليب العمل)

التي تستخدمها لقياس مستويات إنجاز مؤشرات الأداء الموضوعة، المنهجيات التي تستخدمها لقياس أثر ونتائج أعمالها على المجتمع.

العامل الثاني: التعاون مع الشركاء

يتناول هذا العامل كيفية قيام المؤسسة بتحديد الشركاء الرئيسيين في عملية تحقيق الأهداف الوطنية والمبادرات الملكية، بالإضافة إلى تحديد طبيعة هذه العلاقة وكيفية المحافظة عليها، وخصوصاً في ظل وجود تضارب في بعض الأحيان مع الشركاء الذين تتعاون معهم فيما يتعلق بالأهداف المؤسسية أو الوطنية، الأمر الذي يتطلب مزيد من التنسيق وضرورة إعطاء الأولوية للأهداف الوطنية والمبادرات الملكية قبل الأهداف الخاصة بالمؤسسة. وبشكل عام فإن المؤسسات الحكومية في سبيل تحقيق الأهداف الوطنية والمبادرات الملكية تتعاون مع ثلاث فئات من الشركاء:

1. مؤسسات حكومية أخرى.

2. القطاع الخاص لدعم عملية النمو الاقتصادي.

3. المجتمع المدني لضمان تحقيق نتائج تركز على متلقي الخدمة.

إذ أن تشجيع هذا التعاون يساعد على تحقيق الأهداف المنشودة من خلال توحيد وتضافر جهود الجميع.

العامل الثالث: إدارة المخاطر

يتناول هذا العامل كيفية قيام المؤسسة بتحديد المخاطر الرئيسية التي قد تحول أو تحد من قدرتها على تحقيق أهدافها والأهداف الوطنية التي تساهم فيها، وكذلك كيفية قيامها بوضع الخطط اللازمة للتعامل مع هذه المخاطر والحد من أثرها ما أمكن؟

المعيار الرئيسي الثاني: الأفراد

ويتعلق هذا المعيار بكيفية قيام المؤسسة بما يلي:

- بناء والمحافظة على بيئة عمل داعمة تشجع الأداء المتميز على المستويين الفردي والمؤسسي، وذلك من خلال تطبيق سياسات توظيف عادلة وشفافة ونظم مكافآت وحوافز.

- وضع خطط للتنبؤ بالاحتياجات من الموارد البشرية لمواجهة الطلب الحالي والمستقبلي.

- إعداد وتطبيق برامج تدريب وتطوير تلبي احتياجات المؤسسة بما يسهم في تحقيق أهدافها وإنجاز خططها وبرامجها.

- تصميم وتنفيذ برامج تعزز رضا الموظفين والمحافظة عليهم.

وبشكل عام يتضمن معيار الأفراد ثلاثة معايير فرعية هي:

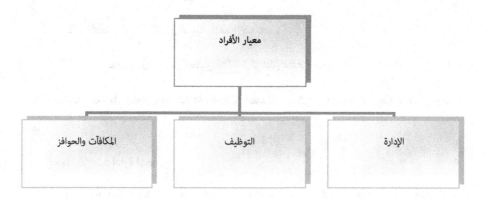

المعيار الفرعي رقم (1): الإدارة

ويتعلق بما تقوم به المؤسسة في مجالات الاستقطاب والاختيار والتعيين بما يضمن تكافؤ الفرص، ومدى استخدامها للأوصاف الوظيفية في تخطيط الأنشطة ذات العلاقة بالموارد البشرية، بالإضافة إلى مدى دقة وشفافية وعدالة سلم الرواتب ونظام الدرجات (التصنيف) وسياسات التعويض والمكافآت والحوافز وأنظمة تقييم أداء الموظفين وغيرها من السياسات والممارسات الخاصة بالموارد البشرية.

ويرتبط بهذا المعيار الفرعي أربعة عوامل هي كما يلي:

العامل الأول: وصف وتصنيف الوظائف

يتعلق هذا العامل بمدى قيام المؤسسة باستخدام الأوصاف الوظيفية وجداول التصنيف الوظيفي من ناحية، وكيفية ضمان الاستخدام الأمثل للموارد البشرية من ناحية أخرى.

العامل الثاني: التوظيف

يتناول هذا العامل كيفية قيام المؤسسة بتلبية احتياجاتها وتعبئة الشواغر من الكوادر البشرية المؤهلة وفقاً للأوصاف الوظيفية مع مراعاة العدالة وتكافؤ الفرص وبما ينسجم ويتوافق مع الخطة الاستراتيجية والقوانين والأنظمة ذات العلاقة، أي أن هذا العامل يتعلق بسياسات المؤسسة في مجالات التوظيف والاختيار والتعيين بما يضمن تكافؤ الفرص وتعيين العدد الملائم في الوقت المناسب.

العامل الثالث: تقييم الأداء

من خلال نظام دقيق وشفاف لتقييم أداء الموظفين وفقاً لأهداف واضحة ومحددة منبثقة عن الأهداف المؤسسية، وبما يضمن توفير تغذية راجعة تستخدم في تحسين أداء الأفراد وبالتالي الأداء المؤسسي، بالإضافة إلى مكافأة وتحفيز الموظفين المتميزين.

العامل الرابع: المكافآت والحوافز

حيث تسهم سياسات المكافآت والحوافز التي تتسم بالشفافية والعدالة في زيادة إنتاجية الموظفين ورفع مستوى أدائهم وبالتالي الأداء المؤسسي بشكل عام. ومن هنا فإن هذا العامل يتعلق بما يلي:

- كيفية قيام المؤسسة بـ مكافأة الأداء الجيد وتحفيز الموظفين لديها.
- ما هي المنهجيات التي تستخدمها في ذلك؟

المعيار الفرعي رقم (2): التخطيط

ويتعلق بسياسات وإجراءات المؤسسة في مجال التنبؤ والتخطيط لاحتياجاتها من الموارد البشرية، وخططها لاستقطاب الموظفين المتميزين لتحقيق أهداف الخطة الاستراتيجية، بالإضافة إلى مدى فعّالية برامج الإحلال الوظيفي (التعاقب) التي تتبناها المؤسسة لتطوير قيادات المستقبل. **ويرتبط بهذا المعيار الفرعي عاملين هما:**

العامل الأول: التنبؤ

ويتعلق بـ مدى قدرة المؤسسة على تتبع التطورات التي قد تؤدي إلى إيجاد وظائف جديدة أو شواغر لوظائف قائمة، ومن ذلك على سبيل المثال الترقيات والاستقالات والتقاعد لدى الموظفين الحاليين، كما قد يشمل ذلك أية تغييرات على الخطة الاستراتيجية تستدعي استقطاب مهارات جديدة أو إعادة توزيع للموظفين.

العامل الثاني: التخطيط الإحلالي (التعاقبي)

ويتعلق بالأسلوب الذي تتبعه المؤسسة في تحديد وصقل وتنمية القيادات الواعدة لإعدادهم لملء الوظائف الشاغرة في المستقبل على المستويات الإدارية الإشرافية والقيادية، وبحيث تضمن توفير موارد بشرية كفؤة لتعبئة أية شواغر قد تحدث في المستقبل دون أن يؤثر ذلك على المؤسسة ومستوى الأداء فيها، وذلك من خلال قيامها

بوضع خطة للإحلال والتعاقب، بالإضافة إلى اختيار المرشحين وتدريبهم وفق معايير واضحة ومحددة، وبشكل يضمن العدالة والموضوعية ويراعي تكافؤ الفرص.

المعيار الفرعي رقم (3): التدريب والتطوير

ويتعلق بما تقوم به المؤسسة في مجال تطوير وتعزيز المهارات والكفاءات لدى الموظفين على كافة المستويات الإدارية، بما في ذلك قدرتها على تحديد احتياجات التدريب والتطوير لديها بدقة، وترتيب هذه الاحتياجات وفقاً لأولويات واضحة ومحددة تسهم في تحقيق الأهداف وإنجاز خطط وبرامج العمل ضمن الموارد والوقت المتاح، بالإضافة إلى قياس مدى فعّالية تصميم وتنفيذ خطط وبرامج التدريب والتطوير وأثر ذلك على الأداء العام للمؤسسة. **ويقوم هذا المعيار الفرعي على عاملين هما:**

العامل الأول: تدريب الموظفين

ويتعلق بـ برامج تدريب الموظفين التي يتم إعدادها وتنفيذها من قبل المؤسسة بما يعزز الأداء الفردي والمؤسسي من ناحية، ويسهم في زيادة مستويات الرضا لدى الموظفين من ناحية أخرى. أي أن هذا العامل يتناول كيفية قيام المؤسسة بإعداد خطة تدريبية تقوم على تحديد الاحتياجات وفق أولويات واضحة ومحددة بما يضمن استفادتها من هذه البرامج التدريبية، وكيفية قيامها كذلك بقياس المنفعة المتحققة من هذه البرامج بالمقارنة مع تكاليفها.

العامل الثاني: التطوير الإداري

ويتعلق بـ برامج التطوير الإداري التي تقوم المؤسسة بتصميمها وتنفيذها بما يسهم في إعداد وتأهيل المديرين والقيادات الواعدة لشغل الوظائف الحالية وتأهيلهم لتلبية الاحتياجات المستقبلية للمؤسسة، فالتطوير الإداري يتعلق بوجود برامج لتطوير مهارات وقدرات المديرين والقادة الإداريين وفق أولويات واضحة ومحددة، بالإضافة إلى كيفية قيام المؤسسة بقياس المنفعة المتحققة من هذه البرامج بالمقارنة مع تكاليفها.

المعيار الفرعي رقم (4): رعاية ورفاه الموظفين

ويتعلق بما تقوم به المؤسسة لتعزيز رضا الموظفين والاحتفاظ بهم، من خلال تحديد وتلبية احتياجاتهم والتعرف على اهتماماتهم وتحفيزهم، **ويرتبط بهذا المعيار عاملين هما:**

العامل الأول: علاقات الموظفين

وذلك من خلال قيام المؤسسة بتحديد وتلبية احتياجات الموظفين من ناحية، وتوفير بيئة عمل صحية وآمنة لجميع الموظفين من ناحية أخرى.

العامل الثاني: الاحتفاظ بالموظفين

من خلال توفير بيئة عمل إيجابية ومحفزة بما يقلل معدلات ترك العمل ما أمكن، حيث أن الاحتفاظ بالموظفين ذوي الأداء العالي هو عنصر مهم للتحسين المستمر في أداء المؤسسة، لذلك لا بد من قيام المؤسسة بقياس نسبة الاحتفاظ بالموظفين، واتخاذ إجراءات تضمن الاحتفاظ بالموظفين ذوي الأداء العالي.

المعيار الرئيسي الثالث: العمليات

ويتناول هذا المعيار كيفية قيام المؤسسة بتحديد وتصنيف العمليات التي تقوم بها لتقديم خدماتها، كما يُقيِّم فاعلية المؤسسة في المجالات التالية:

- إدارة العمليات المتعلقة بتحقيق الأهداف المؤسسية.
- إدارة العمليات المتعلقة بالمساهمة في تحقيق الأهداف الوطنية والمبادرات الملكية.
- كيفية قيام المؤسسة بتحديد احتياجات وتوقعات متلقي الخدمة، وتصميم العمليات الرئيسية لتلبيتها أو التفوق عليها.

- الحصول على التغذية الراجعة من متلقي الخدمة وكيفية الاستفادة منها عند تصميم العمليات التي تقوم بها.

- إدارة العلاقات مع الموردين ومزودي الخدمة لضمان الحصول على المنتجات والخدمات التي تحتاجها المؤسسة بطريقة كفؤة.

وبشكل عام يرتبط بهذا المعيار الرئيسي معيارين فرعيين:

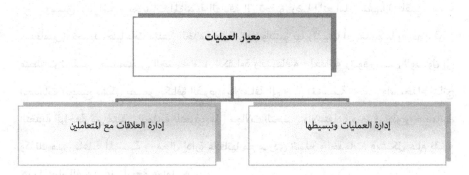

المعيار الفرعي رقم (1): إدارة العمليات وتبسيطها

ويتعلق هذا المعيار الفرعي بكيفية قيام المؤسسة بتصميم وتنفيذ ومراجعة وتحسين عملياتها الرئيسية والمساندة لضمان تقديم أفضل الخدمات، وما تقوم به من جهود في مجالات ضبط التكاليف، استخدام الموارد التكنولوجية، التعامل مع التداخل والإزدواجية، التنبؤ بالمشكلات ووضع الإجراءات لتجنب حدوثها والالتزام بالأطر الزمنية المحددة. **ويقوم هذا المعيار على عاملين:**

العامل الأول: تصميم وتنفيذ العمليات

وذلك من خلال قيام المؤسسة بتصميم العمليات بشكل منطقي ومراقبة تنفيذها بشكل مستمر، بما يعزز قدرتها على تقديم الخدمات بطريقة فعّالة وضمن الوقت المحدد. حيث أن تخطيط العمليات بشكل متكامل وشمولي يضمن عدم التداخل والإزدواجية بين وحدات العمل المختلفة وعلى مستوى المؤسسة ككل.

العامل الثاني: تبسيط الإجراءات

حيث أن عملية التبسيط الفاعلة تزيد من رضا متلقي الخدمة عن طريق تسهيل تنفيذ العمليات ومساعدة المؤسسة في تحقيق النتائج المستهدفة، كما يلبي احتياجات متلقي الخدمة بطريقة أكثر كفاءة وفاعلية، فتبسيط الإجراءات يختصر الوقت والجهد والتكاليف اللازمة لتقديم الخدمات من خلال إلغاء خطوات أو دمجها مع غيرها للحد من الخطوات غير الضرورية.

المعيار الفرعي رقم (2): إدارة العلاقات مع المتعاملين

ويتعلق هذا المعيار بعمليات المؤسسة الهادفة إلى تحقيق رضا المتعاملين معها (متلقي خدمة ومتعاملين)، تحديد احتياجات متلقي الخدمة وتوقعاتهم والتنبؤ بها وتلبيتها أو تقديم ما يفوقها، فهم متطلبات تحقيق رضا متلقي الخدمة مثل الكفاءة والشفافية والعدالة وتوفير سبل الوصول إلى الخدمات للجميع بشكل يضمن تكافؤ الفرص، بالإضافة إلى قيام المؤسسة بجمع واستخدام نتائج التغذية الراجعة من متلقي الخدمة للتعرف على مجالات التحسين والاستفادة منها في تطوير خدماتها، وكذلك مدى فاعلية المؤسسة في مجال إدارة علاقاتها مع موردي السلع والخدمات. **وبشكل عام يقوم هذا المعيار الفرعي على أربعة عوامل هي:**

العامل الأول: احتياجات متلقي الخدمة وتوقعاتهم

يتناول هذا العامل كيفية قيام المؤسسة بجمع معلومات عن احتياجات متلقي الخدمة وتوقعاتهم، كيفية استخدام هذه المعلومات والاستفادة منها لتحسين خدماتها، الطرق والأساليب المستخدمة لاطلاع متلقي الخدمة والفئات المعنية على كيفية سير عملية تقديم الخدمة.

العامل الثاني: رضا متلقي الخدمة

ويرتبط هذا العامل بعنصرين الأول يتعلق بتمكين الموظفين وإعطائهم الصلاحيات المرتبطة بطبيعة عملهم وعلى كافة المستويات الإدارية مما يعني الاستجابة الفورية والكاملة لاستفسارات متلقي الخدمة وتقديم الخدمة لهم بكفاءة أكبر. أما الثاني فيتعلق بفتح قنوات اتصال مع متلقي الخدمة بما يضمن الاستماع إليهم وتفهم اهتماماتهم، مما يساعد على تحسين مستوى الخدمات التي تقدمها المؤسسة لهم.

العامل الثالث: العلاقات مع الموردين

ويتعلق بكيفية قيام المؤسسة بعملية الشراء، والمنهجية التي تتبعها في تقييم أداء الموردين، وكيفية الاستفادة من النتائج في بناء علاقات تشاركية معهم.

العامل الرابع: التحسين المستمر

يتناول هذا العامل كيفية قيام المؤسسة بالبحث المستمر عن الطرق التي تستطيع من خلالها تحسين مستويات الخدمات التي تقدمها، وبالتالي تحقيق مستويات أعلى من الرضا لدى متلقي الخدمة.

المعيار الرئيسي الرابع: المعرفة

يتناول هذا المعيار نظم واستراتيجيات إدارة المعرفة في المؤسسة، كما ويُقيِّم:

- قدرة المؤسسة على فهم متطلبات واحتياجات إدارة المعرفة.
- كيفية قيام المؤسسة بجمع المعلومات الضرورية وتحليلها بغرض الاستفادة منها.
- كيفية استخدام مصادر المعرفة المتوفرة لديها بطريقة فاعلة.
- نشر الوعي وتعميم المعرفة وكيفية الحفاظ على سرية وأمن المعلومات.
- نشر وتعميم معلومات حديثة وملائمة (ذات صلة) على الموظفين والفئات المعنية.

وبشكل عام يتضمن معيار المعرفة أربعة معايير فرعية هي:

المعيار الفرعي رقم (1): الاحتياجات المعرفية

ويتعلق بقدرة المؤسسة على تحديد البيانات والمعلومات الأساسية وكيفية التعامل معها لتحويلها إلى معرفة، بالإضافة إلى قدرتها على تحديد موجوداتها المعرفية والمخاطر المرتبطة بها. **ويرتبط بهذا المعيار الفرعي ثلاثة عوامل هي:**

العامل الأول: البيانات والمعلومات

ويتعلق بكيفية قيام المؤسسة بتحديد البيانات والمعلومات اللازمة (ذات العلاقة) باعتبارها الخطوة الأساسية للحصول على المعرفة الضرورية لتمكين الموظفين من الاستفادة منها لتحقيق الأهداف والخطط المؤسسية.

العامل الثاني: المعرفة الضمنية والصريحة

ويتعلق بشكل أساسي بكيفية قيام المؤسسة بتحديد موجوداتها المعرفية (الضمنية والصريحة) وتأثيرها على الأداء من حيث الأهمية النسبية، الموقع، المخاطر المحتملة، وذلك بهدف تطوير وتطبيق استراتيجية فاعلة لإدارة المعرفة.

وبالتالي فإن هذا العامل يتعلق بمدى قدرة المؤسسة على تطوير منهجية لتحديد أماكن المعرفة الضمنية والصريحة لديها، وكذلك مدى قدرتها على تحديد التهديدات الرئيسية للموجودات المعرفية (الضمنية والصريحة)، وكيفية التعامل مع هذه التهديدات للتقليل من أثرها.

هذا وقد عرّفت الجائزة المعرفة الصريحة بأنها " تلك الوثائق أو المعادلات أو الرسومات أو البرامج أو غيرها، والتي يمكن لجميع الموظفين استخدامها بشكل مؤسسي ."، في حين عرّفت المعرفة الضمنية بأنها " الخبرة والمهارات الموجودة في أذهان الموظفين ".

العامل الثالث: رفع الجاهزية

يتعلق هذا العامل بجاهزية المؤسسة من حيث البنية التحتية والموارد البشرية، تبني مبادرة الحكومة الالكترونية، خطط واستراتيجيات المؤسسة لرفع جاهزيتها.

المعيار الفرعي رقم (2): الوعي والالتزام

إن هذا المعيار الفرعي يتعلق بإدراك الموظفين على كافة المستويات الإدارية لأهمية إدارة المعرفة والعمل على تطبيق النظم ذات العلاقة، بالإضافة إلى التزام الإدارة العليا باستخدام تلك النظم وتشجيعها على السلوك المؤسسي الذي يدعم ويعزز أهداف وفوائد إدارة المعرفة. **ويرتبط بهذا المعيار الفرعي ثلاثة عوامل:**

العامل الأول: التخطيط والتنفيذ

يتناول هذا العامل كيفية قيام المؤسسة بالتخطيط لإدارة المعلومات والمعرفة (استراتيجية إدارة المعلومات والمعرفة) بما يسهم بشكل فاعل في تعزيز قدرة المؤسسة على تحقيق أهدافها الخاصة بإدارة المعرفة وبالتالي أهدافها المؤسسية من ناحية، ويضمن حسن التنفيذ واتخاذ قرارات مبنية على معلومات واضحة ومحددة من ناحية أخرى.

العامل الثاني: نشر وتعميم المعرفة

يتعلق هذا العامل بالجهود التي تبذلها المؤسسة لنشر الوعي بأهمية إدارة المعرفة بين موظفيها، والفرص التي توفرها لتشجيع الموظفين على تبادل المعرفة، بالإضافة إلى المبادرات التي تقوم بها لتشجيع المشاركة الفاعلة للموظفين في نشاطات إدارة المعرفة المختلفة.

العامل الثالث: سرية وأمن المعلومات

يتعلق هذا العامل بالمنهجية التي تتبعها المؤسسة لامتلاك المعلومات والمعرفة وتخزينها، بما في ذلك الوثائق الداخلية والخارجية، وبشكل يضمن وصول الموظفين إلى المعلومات التي يحتاجون إليها وفي الوقت المناسب، بالإضافة إلى كيفية قيام المؤسسة بضمان سرية وأمن المعلومات الموجودة لديها.

المعيار الفرعي رقم (3): الاتصالات الداخلية والخارجية

يتناول هذا المعيار الفرعي أنشطة الاتصالات الداخلية والخارجية ودورها في تعزيز الصورة العامة للمؤسسة، بالإضافة إلى مدى قدرة المؤسسة على إعداد وتنفيذ استراتيجية اتصالات داخلية لتوفير معلومات حديثة ملائمة (ذات صلة) للموظفين بهدف تعزيز الأداء المؤسسي، وكذلك إعداد وتنفيذ استراتيجية اتصالات خارجية لمساعدة المؤسسة على نقل المعلومات الملائمة للفئات المعنية وفي الوقت المناسب بما يعزز صورتها ويبني جسور الثقة معهم ويتيح وصول المعلومات والخدمات والمنتجات إليهم. **وبشكل عام يقوم هذا المعيار الفرعي على عاملين:**

العامل الأول: الاتصالات الداخلية

وذلك عن طريق إعداد وتنفيذ استراتيجية اتصالات داخلية بما يسهم في تعزيز الأداء المؤسسي من خلال إبقاء الموظفين على اطلاع دائم على المعلومات ذات العلاقة وتشجيع التعاون بينهم. وبشكل عام فإن هذا العامل يتعلق بالمنهجية التي تتبعها

المؤسسة في عملية الاتصال الداخلي، بما في ذلك الفئات المستهدفة والأدوات المستخدمة، وإلى أي مدى تسهم هذه المنهجية في زيادة وعي الموظفين والتعاون فيما بينهم وتعزيز أدائهم.

العامل الثاني: الاتصالات الخارجية

وذلك عن طريق إعداد وتنفيذ استراتيجية اتصالات خارجية بما يسهم في توفير معلومات حديثة ودقيقة لمتلقي الخدمة وغيرهم من الفئات المعنية عن الخدمات التي تقدمها المؤسسة والتعليمات الخاصة بكيفية الحصول على هذه الخدمات، الأمر الذي يساعد على تكوين صورة إيجابية عن المؤسسة وعلى بناء الثقة بها لدى الجمهور.

وبشكل عام يمكن القول أن هذا العامل يتعلق بكيفية قيام المؤسسة بإعداد التقرير السنوي وتوزيعه، والمنهجية التي تتبعها في عملية الاتصال الخارجي بما في ذلك الفئات المستهدفة والأدوات المستخدمة، وإلى أي مدى تسهم هذه المنهجية في زيادة الوعي وبناء صورة إيجابية عنها لدى الجمهور؟

المعيار الفرعي رقم (4): أثر المعرفة

يتناول هذا المعيار الفرعي أثر تطبيق المؤسسة لاستراتيجية إدارة المعرفة من خلال تطوير واستخدام الموجودات المعرفية المتوفرة لديها والاستفادة منها بهدف تحقيق الأهداف المرجوة. **ويرتبط بهذا المعيار الفرعي عامل واحد هو:**

العامل الأول: المراجعة والتقييم

وذلك من خلال قيام المؤسسة بمراجعة المتطلبات والموجودات المعرفية وتحديد ورصد فرص التحسين المتعلقة بكيفية تحقيق الأهداف المعرفية، كما ويتعلق بكيفية قيام المؤسسة بتقييم نتائج استراتيجية إدارة المعرفة وتحديد وقياس مؤشرات الأداء الرئيسية بهذا الخصوص.

المعيار الرئيسي الخامس: المالية

ويتعلق هذا المعيار بالإدارة المالية للمؤسسة وعملية إعداد الموازنة بشكل عام، كما ويتناول مدى فاعلية المؤسسة في:

- إعداد موازنتها وتخصيص الموارد المالية لتحقيق أهدافها الاستراتيجية.

- تصميم وتطبيق الأنظمة المحاسبية التي تضمن المساءلة المالية (المحاسبة) والاستخدام الأمثل للموارد المتاحة.

- تحليل أدائها المالي وعكس مخرجات عملية المراقبة والتدقيق بهدف التحسين المستمر لعملية إعداد الموازنة والإدارة المالية.

ويرتبط بهذا المعيار الرئيسي المعايير الفرعية التالية:

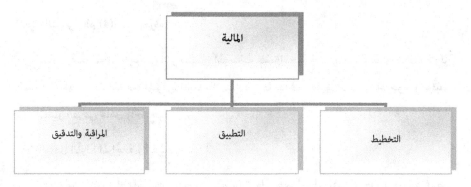

المعيار الفرعي رقم (1): التخطيط

ويقصد بذلك عملية التخطيط لإعداد موازنة المؤسسة وتوزيع المخصصات المالية، جمع معلومات كافية ملائمة (ذات صلة) تساعد على اتخاذ قرارات سليمة حول الموازنة، فعّالية الإجراءات في مجال إعداد الموازنة وتخصيص الموارد المالية الضرورية لتحقيق أهداف الخطة الاستراتيجية. **ويقوم هذا المعيار الفرعي على عاملين:**

العامل الأول: التقديرات وإعداد الموازنة

ويتعلق بمدى قيام المؤسسة بوضع تقديرات دقيقة للإيرادات والنفقات للفترة القادمة (سنة أو أكثر)، توفير بيانات موثوقة عن الإيرادات المتوقعة للمؤسسة وتقديرات مدروسة جيداً لكلفة البرامج والأنشطة التي ستنفذها، وذلك استناداً إلى تحديد الأهداف الحالية والمستقبلية للمؤسسة، وبالتالي اتخاذ قرارات تخطيطية لموازنة سليمة ومدروسة.

وباختصار فإن هذا العامل يتعلق بكيفية قيام المؤسسة بتخطيط وإعداد موازنتها وادارتها؟ وكذلك كيفية قيامها بوضع تقديرات للإيرادات والنفقات؟

العامل الثاني: رصد المخصصات المالية

وذلك من خلال تطوير منهج تشاركي ومرن لوضع الموازنات وإدارة ومراقبة تخصيص الأموال بشكل مستمر، بما يضمن استخدام الأموال بدرجة عالية من الكفاءة والفاعلية. وعليه فإن هذا العامل يتعلق بعملية اتخاذ القرار في المؤسسة حول تخصيص الموارد المالية للمشاريع والبرامج ووحدات العمل المختلفة.

المعيار الفرعي رقم (2): التطبيق

ويتعلق بنظام الإدارة المالية والنظام المحاسبي المستخدم في المؤسسة للتأكد من استخدام الأموال وفقاً لأولويات واضحة ومحددة في الموازنة، بالإضافة إلى مدى قيام المؤسسة بتنسيق أنشطة المشتريات وإدارة المخزون، وبما يضمن الاستخدام الكفوء والفعّال للأموال. **ويرتبط بهذا المعيار ثلاثة عوامل:**

العامل الأول: الإدارة المالية

وذلك من خلال قيام المؤسسة بتصميم نظام محاسبي فعّال وفقاً لمعايير دولية معترف بها باعتباره عنصراً أساسياً في زيادة كفاءة الإدارة المالية.

وبشكل عام، يمكن القول أن هذا العامل يتعلق بوصف نظام المحاسبة المطبق حالياً في المؤسسة ومواطن القوة والضعف فيه من ناحية، ومدى مساهمة التقارير المالية الصادرة عن النظام المديرين على كافة المستويات باتخاذ قرارات سليمة تتعلق بالموازنة من ناحية أخرى.

العامل الثاني: المشتريات

إن وجود نظام واضح ومحدد بدقة لشراء اللوازم والخدمات من مصادر خارجية، يتطلب توثيقاً مناسباً لعمليات الشراء واستخداماً فعالاً للسجلات، مما يساعد المؤسسة على ضبط ومراقبة نفقاتها. وعلى ذلك فإن هذا العامل يتعلق بكيفية قيام المؤسسة بتخصيص المصادر المالية وضبط النفقات في إجراءات المشتريات المطبقة لديها.

العامل الثالث: إدارة المخزون

تهدف عملية إدارة المخزون بطريقة صحيحة إلى ضمان احتفاظ المؤسسة بالمخزون الأمثل من اللوازم الضرورية لتنفيذ أعمالها، حيث يتعلق هذا العامل بكيفية قيام المؤسسة بإدارة مخزونها؟

المعيار الفرعي رقم (3): التقييم المالي

ويتعلق هذا المعيار بالنظام الذي تتبعه المؤسسة لمراجعة وتحسين عملية إعداد الموازنة واجراءاتها وأنشطتها المحاسبية. كما يُقيِّم فاعلية نظام المراقبة والتقييم الذي تتبعه المؤسسة للحصول على تغذية راجعة مستمرة عن سير الموازنة والنظام المحاسبي المستخدم، ومدى استفادة المؤسسة من التغذية الراجعة عند تحديد أولويات الموازنة القادمة ومراجعة عملية إعداد الموازنة. **ويرتبط بهذا** المعيار الفرعي عاملين:

العامل الأول: المراقبة والتدقيق

ويتعلق بمدى وجود نظم مراقبة وتدقيق فاعلة لتقييم الأداء المالي للمؤسسة، وبعبارة أخرى فإن هذا العامل يتعلق بكيفية قيام المؤسسة بعملية تدقيق الإجراءات

المالية وحساباتها، وكيفية مراقبة عملية وضع الموازنة، وكيفية قيامها بجمع وتحليل بيانات مالية دقيقة وشاملة.

العامل الثاني: التوصيات

يتعلق هذا العامل بالدروس المستفادة من موازنات السنوات السابقة والخروج بتوصيات تساعد المؤسسة على مواجهة التحديات المالية الحالية والمستقبلية، وكذلك مدى قيام المعنيين بإعداد توصيات حول زيادة الإيرادات وضبط النفقات وتقديمها للإدارة العليا والمديرين الآخرين في المؤسسة.

وفيما يلي جدولاً يبين المعايير الرئيسية لجائزة الملك عبدالله الثاني لتميز الأداء الحكومي والمعايير الفرعية والعوامل المرتبطة بها:

جدول رقم (10)

معايير جائزة الملك عبد الله الثاني لتميز الأداء الحكومي والشفافية

المعيار الرئيسي	المعايير الفرعية	العلامة
القيادة	**1/1 إطار عمل التخطيط الاستراتيجي**	**50**
	1/1/1 الرؤية والرسالة	10
	2/1/1 الخطة الاستراتيجية	20
	3/1/1 الصلة بالأهداف الوطنية والمبادرات الملكية	20
	2/1 الثقافة الداعمة	**50**
	1/2/1 القيم والمسؤولية الاجتماعية	25
	2/2/1 تمكين الموظفين	25
	3/1 المراقبة والتقييم	**50**
	1/3/1 تحقيق المخرجات المستهدفة	20
	2/3/1 التعاون مع الشركاء	15
	3/3/1 إدارة المخاطر	15
المجموع		**150**

تابع جدول رقم (10): معايير جائزة الملك عبدالله الثاني لتميز الأداء الحكومي والشفافية

المعيار الرئيسي	المعايير الفرعية	العلامة
الأفراد	**1/2 الإدارة**	**40**
	1/1/2 وصف وتصنيف الوظائف	10
	2/1/2 التوظيف	10
	3/1/2 تقييم لأداء	10
	4/1/2 المكافآت والحافز	10
	2/2 التخطيط	**30**
	1/2/2 التنبؤ	15
	2/2/2 التخطيط الإحلالي (التعاقبي)	15
	3/2 التدريب والتطوير	**40**
	1/3/2 تدريب الموظفين	20
	2/3/2 التطوير الإداري	20
	4/2 رعاية ورفاه الموظفين	**40**
	1/4/2 علاقات الموظفين	20
	2/4/2 الاحتفاظ بالموظفين	20
المجموع		**150**
العمليات	**1/3 إدارة العمليات وتبسيطها**	75
	1/1/3 تصيم وتنفيذ العمليات	35
	2/1/3 تبسيط الإجراءات	40
	2/3 إدارة العلاقات مع المتعاملين	75
	1/2/3 احتياجات متلقي الخدمة وتوقعاتهم	20
	2/2/3 رضا متلقي الخدمة	20
	3/2/3 العلاقات مع الموردين	15
	4/2/3 التحسين المستمر	20
المجموع		**150**

تابع جدول رقم (10): معايير جائزة الملك عبدالله الثاني لتميز الأداء الحكومي والشفافية

المعيار الرئيسي	المعايير الفرعية	العلامة
المعرفة	**1/4 الاحتياجات المعرفية**	**50**
	1/1/4 البيانات والمعلومات	10
	2/1/4 المعرفة الضمنية والصريحة	20
	3/1/4 رفع الجاهزية	20
	2/4 الوعي والالتزام	**30**
	1/2/4 التخطيط والتنفيذ	10
	2/2/4 نشر وتعميم المعرفة	10
	3/2/4 سرية وأمن المعلومات	10
	3/4 الاتصالات الداخلية والخارجية	**30**
	1/3/4 الاتصالات الداخلية	15
	2/3/4 الاتصالات الخارجية	15
	4/4 أثر المعرفة	**40**
	1/4/4 المراجعة والتقييم	40
	المجموع	**150**
المالية	**1/5 التخطيط**	**50**
	1/1/5 التقديرات وإعداد الموازنة	25
	2/1/5 رصد المخصصات المالية	25
	2/5 التطبيق	**50**
	1/2/5 الإدارة المالية	20
	2/2/5 المشتريات	15
	3/2/5 إدارة المخزون	15
	3/5 التقييم المالي	**50**
	1/3/5 المراقبة والتدقيق	25
	2/3/5 التوصيات	25
المجموع		**150**

المجموع الكلي	**600**

وكما هو مبين من الجدول أعلاه، فإن المجموع الكلي هو 600 علامة، موزعـة عـلى المعـايير الرئيسـية الخمسـة بالتساوي وبواقع 150 علامة لكلٍ منها.

وبقي أن نشير هنا أن احتساب النتيجة النهائية يعتمد على أربعة عناصر هي:

1. عملية التقييم إستناداً إلى تقارير الاستراك والزيارات الميدانية.
2. المتسوق الخفي.
3. رضا متلقي الخدمة.
4. رضا الموظفين.

والجدول التالي يوضح عناصر عملية التقييم التي تدخل في احتساب العلامـة النهائيـة والنسـبة المئويـة لكل منها:

جدول رقم (11)
عناصر التقييم التي تدخل في احتساب العلامة النهائية

النسبة المئوية	العنصر	تسلسل
%60	**نتائج التقييم** وذلك استناداً إلى تقرير الإشتراك الذي يتضمن إجابات أسئلة المعايير، بالإضافة إلى نتائج الزيارة الميدانية.	1.
%15	**المتسوق الخفي** حيث تقوم جهة محايدة بدور المتسوق الخفي الذي يعمل على تقييم الخدمات التي تقدمها المؤسسة، وذلك من خلال القيام بعدة زيارات لكل مؤسسة، ومن ثم يقوم بتعبئة استمارة تتضمن أهم ملاحظاته حول عملية تقديم الخدمة وترجمة النتائج إلى علامات لكل مؤسسة.	2.
%15	**رضا متلقي الخدمة** وذلك من خلال استطلاع رأي تقوم به جهة محايدة أيضاً حول الخدمات التي تقدمها المؤسسة تشمل جميع فئات متلقي الخدمة (مواطن، مستثمر، مؤسسة).	3.
%10	**رضا الموظفين** وذلك من خلال تعبئة استبيان رأي، حيث يتم تفريغ وتحليل هذه الاستبيانات وتحويل النتائج إلى علامات لكل مؤسسة.	4.
%100	المجموع	

كما ويبين الرسم التالي النسبة المئوية لكل عنصر مـن عنـاصر التقييم التي تـدخل في احتسـاب العلامة النهائية:

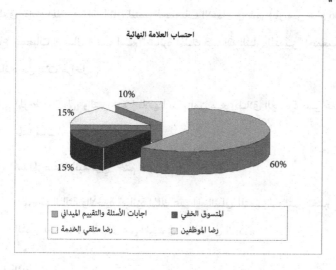

جائزة الملك عبد اللهِ الثاني للتميز لجمعيات الأعمال[1]

تم إطلاق جائزة الملك عبدالله الثاني للتميز لجمعيات الأعمال في شهر أيار من عام 2006 كجائزة خاصة بقطاع جمعيات الأعمال تحت اسم "جائزة الملك عبداللهِ الثاني للتميز" لجمعيات الأعمال. وتتكون الجائزة من ثلاث مراحل:

- المرحلة الأولى والتي تم إطلاقها بالتزامن مع إطلاق الجائزة هي علامة "أفضل الممارسات".
- أما المرحلة الثانية فهي "ختم التميز".
- والمرحلة الثالثة والأخيرة "جائزة الملك عبداللهِ الثاني للتميز"، والتي تعتبر أرفع جائزة للتميز لجمعيات الأعمال على المستوى الوطني في الأردن.

الهدف من الجائزة

جاءت هذه الجائزة بهدف وضع معايير لجمعيات الأعمال الأردنية وفق أفضل الممارسات الدولية، حيث تعمل الجائزة كمحفز لجمعيات الأعمال للتحسين المستمر لخدمة أعضائها وتقديم الخدمة الأفضل للقطاعين العام والخاص من ناحية، ونظراً لازدياد أهمية الدور الذي يلعبه قطاع جمعيات الأعمال في دعم النمو الاقتصادي في الأردن خاصةً فيما يتعلق بالتنافسية والقدرة التصديرية والاستثمار من ناحية أخرى.

وفي نفس الوقت فإن هذه الجمعيات تقدّم خدمات متعددة لأعضائها بما في ذلك التدريب، الأمر الذي من شأنه أن يعزز من قدراتها على تسويق نفسها بما ينعكس إيجاباً على أعضاء هذه الجمعيات وعلى الاقتصاد الوطني عموماً.

(1) الموقع الإلكتروني لمركز الملك عبدالله الثاني للتميز (www.kace.jo).

مميزات المشاركة

لعل من أهم المميزات هو حصول جمعيات الأعمال المشاركة في الجائزة على تقرير تقييمي حول أدائها يتضمن أهم نقاط القوة ومجالات التحسين، بما يساعد الجمعية على تطوير أدائها ونظم العمل لديها.

معايير الجائزة

تقوم هذه الجائزة على تسعة معايير أساسية هي:

1. الرؤية والرسالة والاستراتيجية.

2. وثائق الجمعية.

3. الحاكمية.

4. إدارة الموارد والإدارة المالية.

5. العضوية والبرامج.

6. الدعم والتأييد.

7. الموارد البشرية.

8. التسويق والاتصال.

9. المسؤولية الاجتماعية

آلية التقييم

تتيح آلية التقييم المتبعة لجمعيات الأعمال فحص مدى جاهزيتها ذاتياً من خلال النافذة الإلكترونية للجائزة، وبعد ذلك يمكن لهذه الجمعيات التقدم بطلب رسمي للمشاركة.

وإذا توافر الحد الأدنى للمعايير في الجمعية تحصل على جائزة أفضل الممارسات، مما يؤهلها للتقدم لجائزة " ختم التميز - Seal of Excellence "، الأمر الذي يتيح لها أن تتقدم فيما بعد لجائزة الملك عبدالله الثاني للتميز لجمعيات الأعمال.

برنامج دبي للأداء الحكومي المتميز [1]

الرؤية
تحقيق أداء حكومي متميز عالمي في دبي

مقدمة

تأسس برنامج دبي للأداء الحكومي المتميز في عام 1997، وذلك إنطلاقاً مـن الحـرص عـلى الارتقـاء بمستوى أداء القطـاع الحكومـي في دبي لتمكينـه مـن مواكبـة التطـورات المتلاحقـة في شـتى المجـالات، ولتكريس وتعزيز قدرته على تطبيق مفاهيم إدارية حديثة ومتطورة، حيث يهدف البرنامج إلى إحـداث نقلة نوعية في أداء الدوائر والجهات الحكومية المشاركة من خلال عمليات التقييم الـذاتي التـي تجريهـا هذه الدوائر والجهات مقارنة بمعايير التقييم الخاصة بالبرنامج، كما ويهدف البرنامج إلى:

- تطوير القطاع الحكومي والارتقاء بمستوى الأداء فيه، من خلال توفير حافز معنوي وظروف عمل تحفيزية تشجع التعاون البناء وروح المنافسة الإيجابية في القطاع الحكومي.

- دعم برامج التنمية والتطوير في الدوائر، والجهات الحكومية، وتحسين الإنتاجيـة، وزيـادة الكفاءة، بالإضافة إلى ترشيد الإنفاق فيها وضمان التزامها بتقديم خـدمات جيـدة وعاليـة المستوى.

- نشر مفاهيم التميز والإبداع والجودة، وتعميم أفضل الممارسات الإدارية والمهنية وضمان تطبيق أكثر أساليب العمل كفاءة وتطوراً في القطاع الحكومي.

---

(1) برنامج دبي للأداء الحكومي المتميز، معايير تقييم فئات البرنامج، الإصدار: مارس 2007.

- التأكيد على أهمية القطاع الحكومي في توجيه ورعاية خطط التنمية الشاملة وتوفير بيئة عمل تنموية متطورة ومحفزة على الأداء الجيد في جميع المجالات وتأكيد دور هذا القطاع في خدمة مجتمع الأعمال ودعم القطاع الخاص.

- توفير مرجعية إرشادية من خلال أسس ومعايير لقياس مدى التقدّم والتطوّر في أداء الدوائر والجهات الحكومية في إمارة دبي.

- ضمان قيام القطاع الحكومي بالواجبات والمهام الموكلة إليه على الوجه الأكمل وبمستويات عالية من الجودة والكفاءة والاحتراف.

- التعبير عن شكر وتقدير دبي للدوائر والجهات الحكومية المتميزة في أدائها وإنتاجيتها وخدماتها ومشروعاتها وبرامجها وخططها وأساليب عملها.

- تحفيز موظفي الحكومة على مختلف مستوياتهم الوظيفية، وتشجيعهم على الإبداع والتميز والالتزام الوظيفي والإتقان وخدمة العملاء والأداء الوظيفي الكفء.

رسالة برنامج دبي للأداء الحكومي المتميز
نسعى لإحداث وتأصيل نقلة نوعية في أداء ونتائج وخدمات الدوائر الحكومية في دبي لتصل إلى مستوى رائد عالمياً، وذلك من خلال تقديم نموذج إرشادي للتميز ومجموعة مستمرة من مبادرات التحسين وفعاليات التطوير

معايير برنامج دبي للأداء الحكومي المتميز

يطبق البرنامج نموذجاً عالمياً للتميز فيما يتعلق بالدائرة والإدارة الحكومية مستوحى من **النموذج الأوروبي للتميز** الذي سبق شرحه بالتفصيل في الفصل السادس من هذا الكتاب. وعلى الرغم من تشابه المعايير الرئيسية لتقييم الإدارة الحكومية مع المعايير الرئيسية لتقييم الـدائرة الحكوميـة، إلا أن المعـايير الفرعية لا تتشابه بينهما من حيث العدد وطبيعة المتطلبات، وكذلك بالنسبة للقيمة النسبية والعلامات القصوى لنقاط التقييم.

والشكل التالي يوضح نموذج التميز الخـاص بالـدائرة الحكوميـة المتميزة والقيمـة النسـبية لكـل معيار من المعايير:

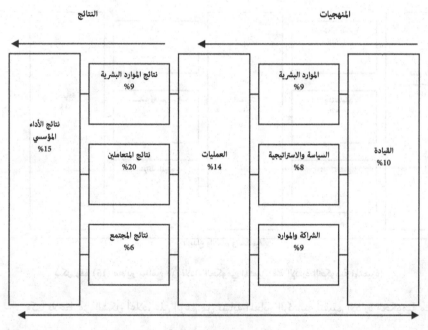

الإبداع والتعلم والشفافية

شكل رقم (14) معايير برنامج دبي للأداء الحكومي المتميز (فئة الدائرة الحكومية المتميزة)

وكما يلاحظ من الشكل في الصفحة السابقة، فقـد أخـذت النتـائج مـا نسـبته 50% مـن مجمـوع النقاط كما في النموذج الأوروبي للتميز، كما أن نتائج المتعاملين أخذت أعلى نسبة من مجمـوع النقـاط (20%). فجميع نماذج التميز التي تم استعراضها تؤكد ما أشرنا إليه عند الحديث عن المبادىء الأساسية للتميز من حيث التركيز على النتائج والاهتمام بالعملاء، بالإضافة إلى المبادىء الأخرى بطبيعة الحال.

أما الشكل التالي فيوضح نموذج التميز الخاص بالإدارة الحكومية والقيمة النسبية لكل معيار من المعايير:

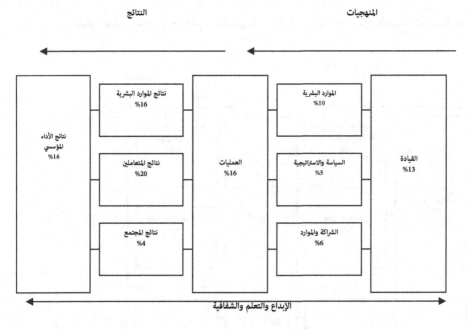

شكل رقم (15) معايير برنامج دبي للأداء الحكومي المتميز (فئة الإدارة الحكومية المتميزة)

وكما يلاحظ من الشكل أعلاه، على الرغم من تشابه المعايير الرئيسية لتقييم الإدارة الحكومية مـع المعايير الرئيسية لتقييم الدائرة الحكومية، إلا أنها لا تتشابه من

حيث القيمة النسبية والعلامات القصوى لنقاط التقييم، باستثناء نتائج المتعاملين (20% من مجموع النقاط).

وفيما يلي عرض لمعايير وعناصر تقييم برنامج دبي للأداء الحكومي المتميـز/الـدائرة الحكوميـة المتميزة(*):

1. القيادة

يركز هذا المعيار على دور وأداء وممارسات ومهارات القيـادة خاصـة فيمـا يتعلـق بتحديـد رؤيـة ورسالة وتوجهات الدائرة وكيفية تحقيقها. وبشكل عام يتضـمن هـذا المعيـار الرئيسيـ المعـايير الفرعيـة التالية:

1.1 تطوير الرؤية والرسالة والقيم المؤسسية، ويمكن أن يشمل ذلك:

- إعداد وصياغة الرؤية والرسالة وتحديد القيّم المؤسسية والأهداف.
- إيجاد ثقافة مؤسسية وتقديم القدوة الحسنة في الأداء والسلوك.
- التعريف برؤية ورسالة الدائرة لجميع المعنيين.
- مراجعة مستوى الأداء والمهارات القيادية ومدى تطويرها.
- المشاركة في المجموعات المهنية المتخصصة وفي المؤتمرات والندوات خاصة تلك المتعلقة بالتميز والجودة.
- المشاركة الشخصية في تشجيع عمليات التطوير والتعلم المستمر.
- تشجيع روح الفريق والتعاون على كافة المستويات في الدائرة.

(*) لمزيد من التفاصيل يمكن الرجوع إلى برنامج دبي للأداء الحكومي المتميز، معايير تقييم فئات البرنامج، الإصدار: مارس 2007.

2.1 المشاركة الشخصية للقادة في تطوير وتطبيق وتحديث أنظمة العمل، ويمكن أن يشمل ذلك:

- وضع الهيكل التنظيمي الملائم لتنفيذ السياسة والاستراتيجية.
- ضمان إيجاد وتطبيق أنظمة فعّالة لإدارة العمليات.
- تحديد الجهات المسؤولة عن العمليات الرئيسية في الدائرة.
- إعداد وتطبيق ومراجعة وتحديث السياسة والاستراتيجية.
- قياس ومراجعة وتطوير نتائج الأداء المؤسسي الرئيسية.
- تخطيط وتحديد وتعزيز عمليات التحسين المستمر.
- إيجاد نظام فعّال للحكمانية في المؤسسة.

3.1 تعامل القيادة مع جميع الفئات المعنية وتأكيد التزامها بتحقيق رضائهم وتعـاونهم، ويمكـن أن يشمل ذلك:

- التعاون مع الدوائر الأخرى للقيام بمشاريع ومبادرات تطوير مشتركة.
- المراجعة المنتظمة لأهداف وممارسات الدائرة المتعلقة باحتياجات الفئات المعنية.
- إيجاد قنوات اتصال فعّالة ومباشرة ومنتظمة للقيادة مع جميع المعنيين.
- الاستفادة من نتائج تحليل استبيانات رأي الفئات المعنية.
- تقدير الجهود والمساهمات المتميزة لجميع الفئات المعنية.
- المشاركة الفعّالة في مبادرات موجهة لخدمة المجتمع.

4.1 بناء ثقافة التميز لدى الموارد البشرية، ويمكن أن يشمل ذلك:

- تحفيز ومكافأة وتقدير إنجازات الموارد البشرية وفرق العمل.
- الاتصال مع الموارد البشرية والاستماع اليها والتحاور معها والاستجابة لمتطلباتها.
- مساندة القيادة للأفراد على تحقيق خططهم وأهدافهم.

- المساهمة الشخصية للقيادة في نشاطات تنمية الموارد البشرية.

- تشجيع الموارد البشرية على المشاركة في عمليات التطوير والتحسين المستمر – تفويض الصلاحيات والتمكين الوظيفي.

- إعداد جيل جديد من القادة القادرين على تحمل المسؤولية - منهجيـة اختيـار هـؤلاء القادة وتنميتهم وتدريبهم.

- توفير ظروف عمل إيجابية وملائمة تلبـي احتياجـات الموظفات العـاملات وتسـاعد في تقدمهن الوظيفي وتطورهن المهني.

5.1 توفير بيئة ملائمة مشجعة على الإبداع، ويمكن أن يشمل ذلك:

- توفير الموارد اللازمة للإبداع.

- تشجيع وتحفيز المبدعين.

- تشجيع تبادل الآراء والنقاش البنّاء.

- تقديم القدوة الحسنة في مجال الإبداع.

6.1 تبني القيادة سياسة التغيير، ويمكن أن يشمل ذلك:

- فهم العوامل الداخلية والخارجية المحركة لعملية التغيير في الدائرة.

- تحديد واختيار التغييرات الواجب إجرائها.

- قيادة خطط التغيير.

- تخصيص الموارد والدعم اللازمين لعملية التغيير.

- إدارة النتائج والمخاطر المترتبة على برامج التغيير.

- الإدارة الفعّالة لعملية التغيير وإدارة تأثيراتها على جميع المعنيين.

- شرح عمليات التغيير ومبرراته إلى الموارد البشرية وإلى جميع المعنيين.

- دعم وتمكين الموارد البشرية من الإدارة الفعّالة للتغيير.

- قياس ومراجعة فعّالية التغيير.

2. السياسة والاستراتيجية

يركز هذا المعيار على كيفية تحقيق رؤية المؤسسة ورسالتها من خلال وضع وتطبيق استراتيجيات معززة بسياسات وخطط وبرامج وأهداف وأنظمة وإجراءات عمل واضحة ومحددة، وبشكل عام يتضمن هذا المعيار الرئيسي المعايير الفرعية التالية:

1.2 بناء سياسة واستراتيجية الدائرة على الاحتياجات والتوقعات الحالية والمستقبلية لجميع المعنيين، ويمكن أن يشمل ذلك:

- تجميع وتحليل معلومات كافية تضمن فهم ومعرفة بيئة العمل والظروف المحيطة.
- معرفة ومراعاة والاستجابة لاحتياجات وتوقعات جميع المعنيين.
- مراعاة وفهم التطورات المستقبلية ومدى تأثيرها على المؤسسة وعلى جميع المعنيين.

2.2 اعتماد السياسة والاستراتيجية على معلومات دقيقة، ويمكن أن يشمل ذلك:

- الاستفادة من نتائج مؤشرات الأداء المؤسسي الداخلية.
- الاستفادة من نتائج عمليات التقييم الذاتي المؤسسي.
- الاطلاع والتعرف على أفضل الممارسات والاستفادة منها.
- فهم والاستفادة من نتائج/تأثيرات المتغيرات الاقتصادية والاجتماعية والتقنية.
- الاستفادة من المعلومات والاقتراحات المقدمة من جميع المعنيين.

3.2 إعداد ومراجعة وتحديث السياسة والاستراتيجية، ويمكن أن يشمل ذلك:

- إعداد وتطوير السياسة والاستراتيجية بما يتفق مع رؤية ورسالة وقيم المؤسسة.
- التوازن بين متطلبات وتوقعات جميع المعنيين.

- وضع بدائل وسيناريوهات وخطط بديلة لمواجهة المتغيرات والمستجدات.

- تتضمن تحديداً لعوامل النجاح.

- تتضمن تحديداً للفرص الحالية والمستقبلية.

- تتوافق السياسة والاستراتيجية مع الرؤية والتوجه المستقبلي لحكومة دبي.

- تجسد مفاهيم التميز وأفضل الممارسات.

- تتضمن تحديداً للجهات المسؤولة عن الإعداد والمراجعة والتحديث.

- المراجعة المنتظمة للتأكد من مدى ملاءمتها وفعاليتها.

- مراعاة الشفافية في إعداد ومراجعة وتحديث السياسة والاستراتيجية.

4.2 شرح وإيصال وتنفيذ السياسة والاستراتيجية، ويمكن أن يشمل ذلك:

- تحديد وشرح سلسلة العمليات/الإجراءات الرئيسية اللازمة لتطبيق السياسة والاستراتيجية.

- شرح السياسة والاستراتيجية لمختلف المستويات الوظيفية والتعريف بها لجميع المعنيين خارج الدائرة وتقييم مدى معرفتهم بها.

- اعتماد السياسة والاستراتيجية كأساس لتخطيط النشاطات وتحديد الأهداف على جميع المستويات في الدائرة.

- المواءمة وتحديد الأولويات والاتفاق على إيصال الخطط والأهداف لجميع المستويات المعنية.

- إعداد آلية متكاملة للتقارير ومتابعة التقدم في الإنجاز.

3. الموارد البشرية

يركز هذا المعيار على كيفية قيام الدائرة بتخطيط وتنمية وتحفيز وضمان مشاركة العاملين فيها وكيفية التواصل معهم، بما يضمن إطلاق قدرات وطاقات الأفراد وفرق

العمل من ناحية، وبما يمكنهم من التميز في خدمة المتعاملين والإنجاز الفعّال للمهام من ناحية أخرى. وبشكل عام يتضمن هذا المعيار الرئيسي المعايير الفرعية التالية:

1.3 تخطيط وإدارة الموارد البشرية

- المناهج والأساليب المطبقة لتحديد الاحتياجات الحالية والمستقبلية من الموارد البشرية.

- التوافق والمواءمة بين خطط الموارد البشرية ومتطلبات التطبيق الفعال للسياسة والاستراتيجية والهيكل التنظيمي.

- ضمان اختيار وتوظيف أكثر المتقدمين كفاءة وملاءمة للعمل.

- وجود سياسات واستراتيجيات وأنظمة عمل متكاملة تغطي مختلف الجوانب المتعلقة بالموارد البشرية.

- مدى الاستفادة من استبيانات الرأي الموجهة للموظفين.

- تطبيق منهجيات لرسم المسار الوظيفي.

- تطبيق منهجيات تتسم بالإبداع لتحسين طرق وأساليب عمل الموارد البشرية.

2.3 تحديد وتطوير مهارات وقدرات الموارد البشرية

- تحديد وتصنيف معارف وقدرات الموارد البشرية ووضعها في أماكن العمل الملائمة.

- منهجية تحديد الاحتياجات التدريبية للموارد البشرية.

- إعداد الخطط التدريبية - مواجهة المتطلبات الحالية والمستقبلية للعمل في الدائرة.

- تطوير وتفعيل فرص ومبادرات التعلم المستمر للأفراد وفرق العمل.

- قياس فعّالية وأثر التدريب على أداء وسلوك الموارد البشرية.

- توفير الظروف الملائمة لتشجيع الموارد البشرية على الارتقاء بمستويات تحصيلها الأكاديمي.

- ربط الأهداف الفردية وأهداف فرق العمل مع الأهداف العامة للدائرة.

- تقييم أداء الموارد البشرية بشكل يضمن كفاءة عملية التقييم، وربط التقدم الوظيفي بنتائج التقييم.

3.3 تمكين ومشاركة الموارد البشرية والتعامل معها بشفافية، ويمكن أن يشمل ذلك:

- تشجيع ومساندة الموارد البشرية للمشاركة في عمليات التحسين.

- تشجيع المشاركة في النشاطات والمناسبات الرسمية وغير الرسمية.

- توفير الفرص وبيئة العمل الملائمة للمبادرة والإبداع.

- تفويض الصلاحيات الكافية للموارد البشرية.

- تشجيع روح الفريق والجهود التعاونية المشتركة.

- الشفافية في إعداد أنظمة الموارد البشرية والتعريف بها.

- الشفافية في اتخاذ القرارات المتعلقة بالموظفين (ترقيات، نقل، تدريب، وما شابه).

4.3 الاتصال والحوار بين الدائرة ومواردها البشرية، ويمكن أن يشمل ذلك:

- تحديد احتياجات ومتطلبات التواصل الفعّال بين الدائرة والموارد البشرية.

- تطبيق استراتيجيات وسياسات تسمح بالاتصال والحوار الإيجابي وإبداء الرأي البنّاء.

- تطبيق استراتيجيات وسياسات تسمح بالتعلم والتعرف على الإنجازات المتفوقة للأفراد وفرق العمل.

- التطبيق الفعّال لنظم التظلم الوظيفي.

5.3 الاهتمام بـ ومكافأة وتقدير جهود وإنجازات الموارد البشرية، ويمكن أن يشمل ذلك:

- تشجيع ومكافأة الإنجازات المتميزة على جميع المستويات (الموظفين وفرق العمل).
- زيادة الوعي والمشاركة في المواضيع المتعلقة بالسلامة والصحة المهنية والقضايا المجتمعية.
- تنظيم نشاطات اجتماعية وثقافية وإنسانية ورياضية.
- تشجيع ثقافة وبيئة عمل تضمن الولاء للمؤسسة والشعور بالانتماء إليها.

6.3 مدى التزام المؤسسة بعملية التوطين، ويمكن أن يشمل ذلك:

- إعداد وتطبيق خطة متكاملة للتوطين.
- المنهجيات المطبقة لجذب وتوظيف وضمان استمرار خدمة المواطنين.
- أساليب تنمية وتطوير مهارات الموارد البشرية المواطنة.
- المنهجيات والبرامج المطبقة لضمان التقدم الوظيفي والمهني للموارد البشرية المواطنة.
- البرامج المطبقة لتأهيل وتشجيع عمل المواطنين في وظائف تتدنى فيها نسبة التوطين.

4. معيار الشراكة والموارد

يركز هذا المعيار على كيفية قيام الدائرة بتخطيط وإدارة شراكاتها الخارجية وكيفية إدارتها للموارد المتاحة لدعم سياستها واستراتيجيتها وتعزيز عملياتها وضمان تحقيق أهدافها. وبشكل عام يتضمن هذا المعيار الرئيسي المعايير الفرعية التالية:

1.4 إدارة الشراكة، ويمكن أن يشمل ذلك:

- تحديـــد الشـــركاء الرئيســـيين وفـــرص الشراكات الاستراتيجية.

- رسم إطـار وحـدود علاقـات الشـراكة بمـا يحقق المنفعة المتبادلة.

- ضـمان تبـادل المعرفـة والتوافـق الثقـافي المؤسسي.

- دعم ومساندة جهود التطوير المؤسسي للدائرة وشركائها.

- نشر وتعميم مفاهيم ومهارات وتطبيقات الإبداع والتفكير الابتكاري مـن خلال الشراكة البناءة.

- العمل المشترك لتحسين أداء العمليات وتبسيط الإجراءات.

- الشفافية في نشر وتقييم اختيار الموردين والشركاء.

- الشفافية في نشر وتقييم منهجية/أساليب التعامل مع الموردين والشركاء.

2.4 إدارة الموارد المالية، ويمكن أن يشمل ذلك:

- تطوير وتطبيق استراتيجية مالية وبما ينسجم مع السياسة والاستراتيجية.

- برامج تنمية الإيرادات وترشيد النفقات.

- منهجية تحديد احتياجات الدائرة من الموارد المالية.

- إعداد وتطبيق نظام للتقارير المالية.

- دراسة الانعكاسات المالية للمشاريع وتحليل البدائل لاختيار الملائم منها.

- تحليل النتائج والإنجازات مقارنةً بالموارد المالية المعتمدة.

- إعداد وتطبيق عمليات حوكمة رئيسية على كافة المستويات التي تتطلب ذلك.

3.4 إدارة الممتلكات (المباني، الأجهزة، الموارد)، ويمكن أن يشمل ذلك:

- تطوير وتطبيق استراتيجية لإدارة الممتلكات لدعم سياسة واستراتيجية الدائرة.

- الاستخدام الأمثل للممتلكات والمرافق.

- الصيانة الفعّالة للممتلكات (خاصة الوقائية).

- إدارة أمن الممتلكات.

- التخزين الأمثل للمواد.

- تقليل المستهلك والفاقد بما في ذلك إعادة استخدام بعض المواد.

- المحافظة على الموارد غير المتجددة.

- تقليل الآثار السلبية الناجمة عن المنتجات والمواد واستخداماتها.

4.4 إدارة الموارد التقنية، ويمكن أن يشمل ذلك:

- تطوير استراتيجية لإدارة الموارد التقنية وبما يدعم سياسة واستراتيجية الدائرة.

- منهجية تحديد واختيار وتقييم الموارد التقنية البديلة والحديثة بما يتماشى مع السياسة والاستراتيجية.

- الاستغلال الأمثل للموارد التقنية المتوفرة بما في ذلك منهجية استبدال التقنيات القديمة.

- ابتكار تقنيات حديثة.

- تكريس التقنيات لمساندة جهود التطوير والتحسين المستمر.

5.4 إدارة المعلومات والمعرفة، ويمكن أن يشمل ذلك:

- تطوير وتطبيق استراتيجية لإدارة المعلومات والمعرفة لدعم سياسة واستراتيجية الدائرة.

- تجميع وتصنيف وإدارة المعلومات والمعارف لدعم تطبيق السياسة والاستراتيجية.

- تسهيل إمكانية الاطلاع على المعلومات والمعارف للمعنيين من داخل وخارج الدائرة.

- ضمان حداثة ودقة وشمولية وتكامل وأمن المعلومات والمعارف.

- الاستفادة القصوى من المعارف والمعلومات.

- زيادة الإبداع والتفكير الابتكاري من خلال الاستخدام الأمثل لموارد المعلومات.

5. معيار العمليات

يركز هذا المعيار على منهجية تصميم وتحسين العمليات وتبسيط إجراءات العمل وصولاً إلى تحقيق خدمة متميزة للمتعاملين ولجميع المعنيين وتقديم قيمة مضافة لهم. وبشكل عام يتضمن هذا المعيار الرئيسي المعايير الفرعية التالية:

1.5 منهجية تصميم وإدارة العمليات، ويمكن أن يشمل ذلك:

- تحديد وتصميم العمليات خاصة الرئيسية منها واللازمة لتنفيذ سياسة الدائرة.

- إيجاد نظام لإدارة العمليات، وتوثيق أنظمة وأدلة العمل، ومراجعة وتحسين العمليات.

- تطبيق نظم إدارة العمليات والجودة ضمن مواصفات قياسية عالمية لإدارة العمليات.

- تطبيق مقاييس للعمليات وتحديد أهداف للأداء.

- معالجة الموضوعات المتعلقة بالتداخل والإزدواجية.

- مراجعة مدى فعّالية الإطار العام للعمليات في تطبيق السياسة والاستراتيجية.

2.5 تحسين العمليات بطرق إبداعية تضمن إرضاء المتعاملين والمعنيين، ويمكن أن يشمل ذلك:

- تحديد أساليب وأولويات وفرص التحسين والتطوير.
- الاستفادة من آراء المتعاملين والمعنيين ومن نشاطات التعلم المؤسسي.
- الاستفادة من إبداعات الموارد البشرية والمتعاملين والمعنيين.
- استعمال أساليب جديدة وتقنيات حديثة ومناهج متطورة لتبسيط الاجراءات وتحسين العمليات.
- تطبيق طرق ملائمة لتغيير العمليات.
- تجربة وتعميم تطبيق العمليات الجديدة أو المعدّلة.
- شرح/ إيصال المعلومات المتعلقة بالتغيير/التعديل للموارد البشرية والمتعاملين.
- ضمان تدريب الموظفين قبل القيام بتطبيق العمليات الجديدة أو المعدّلة.
- تقييم تأثيرات العمليات المعدّلة على الأداء والخدمة ومدى تحقيقها للنتائج المطلوبة.

3.5 تصميم وتطوير وتقديم الخدمات بناءً على احتياجات المتعاملين وتوقعاتهم، ويمكن أن يشمل ذلك:

- الاستفادة من نتائج دراسات واستبيانات المتعاملين.
- التنبؤ بـ وتحديد التحسينات الرامية إلى تطوير الخدمات المقدمة.
- تصميم وتطوير وتقديم خدمات جديدة استجابةً لاحتياجات وتوقعات المتعاملين.
- الإبداع والمبادرة لتطوير وتوفير خدمات تقدم قيمة مضافة للمتعاملين.
- التوعية والتعريف والترويج للخدمات المقدمة للمتعاملين الحاليين والمتوقعين.

4.5 إدارة وتقوية علاقات المتعاملين، ويمكن أن يشمل ذلك:

- تحديد متطلبات الاتصال المنتظم مع المتعاملين.

- المبادرة للاتصال والحوار مع المتعاملين.

- متابعة عمليات تقديم الخدمة للتعرف على مستوى الرضا عن الخدمة المقدمة

- الإبداع والمبادرة لتطوير وتوفير خدمات تقدم قيمة مضافة للمتعاملين.

- الالتزام بروح الإبداع والمبادرة في إدارة علاقات المتعاملين.

- استعمال الاستبيانات و/أو أية وسائل فعّالة أخرى بانتظام لتجميع البيانات من المتعاملين لتعزيز مستويات رضائهم.

- تصميم وتطبيق منهجية لدراسة وتحليل ومعالجة شكاوى واقتراحات المتعاملين.

- تطبيق منهجية لمراعاة التنوع الثقافي والاجتماعي للمتعاملين.

6. نتائج المتعاملين

يركز هذا المعيار على نتائج الدائرة الخاصة بعلاقاتها مع المتعاملين ومستويات رضائهم عنها. وقد عرّف برنامج دبي للأداء الحكومي المتميز المتعاملين بأنهم جميع من يتصل أو يتعامل مباشرة مع الدائرة لتلقي خدمة أو منتج. **وبشكل عام يتضمن هذا المعيار الرئيسي المعيارين الفرعيين التاليين:**

1.6 مقاييس رأي المتعاملين

وتعبر عن رأي المتعاملين بالدائرة (من وجهة نظر المتعاملين)، وذلك من خلال استبيانات الـرأي، مجموعات النقاش، الشكاوى، رسائل الشكر وما شابه، وحسب طبيعة عمل الدائرة من الممكن أن تشمل مقاييس رأي المتعاملين:

- **الانطبـاع العـام** (إمكانيـة الوصـول، الاتصـال، المرونـة، المبـادرة، الاسـتجابة، العـدل والاهتمام والتفهم).

- **الخدمات** (الجودة والنوعية، القيمة، درجة الاعتمادية، الإبداع في التصميم، مدى ملاءمة الخدمة).
- **تقديم الخدمة** (سلوك وكفاءة الموظفين، النصيحة والدعم، الأدلة والوثائق المتعلقة بالخدمات، معالجة شكاوى المتعاملين، تدريب المتعاملين، مدة الاستجابة).
- **الشفافية** (سهولة الوصول للمعلومات، شفافية متطلبات الحصول على الخدمة، شفافية إجراءات الإنجاز).

2.6 مؤشرات الأداء المتعلقة بالمتعاملين

وهي مقاييس أداء داخلية – من وجهة نظر الدائرة، من أجل مراقبة وفهم وتحديد والتنبؤ بأداء الدائرة فيما يتعلق بالمتعاملين، وحسب طبيعة عمل المؤسسة يمكن أن تشمل مؤشرات الأداء المتعلقة بالمتعاملين:

- **الخدمات**، ومن ذلك على سبيل المثال نسبة الأخطاء، الأداء مقارنة بالأهداف، نسبة الشكاوى، الإبداع في الخدمة، معالجة الشكاوى، الوقت اللازم لتقديم الخدمات، الوقت اللازم لتطوير الخدمات الجديدة.

7. نتائج الموارد البشرية

يركز هذا المعيار على نتائج الدائرة الخاصة بالموارد البشرية ومستويات الرضا لديهم. هذا وقد عرّف برنامج دبي للأداء الحكومي المتميز الموراد البشرية بأنهم جميع الأفراد العاملين في الدائرة الحكومية الذين يمكن الانتفاع بأعمالهم وجهودهم في مشروعات الإنتاج والخدمات. **وبشكل عام يشمل هذا المعيار الرئيسي المعيارين الفرعيين التاليين:**

1.7 مقاييس رأي الموارد البشرية

وتعبر عن رأي الموارد البشرية (من وجهة نظر الأفراد العاملين في الدائرة)، وذلك من خلال استبيانات الرأي، مجموعات النقاش، الشكاوى، وما شابه. ومن الممكن أن تشمل مقاييس رأي الموارد البشرية:

- **التحفيز** (فرص التطور الوظيفي، الاتصال، التمكين الوظيفي، المشاركة، القيادة، فرص التعلم والإنجاز، التقدير، تقييم الأداء، سياسة واستراتيجية الدائرة، التدريب والتنمية).

- **الرضا الوظيفي** (النظام الإداري، شروط وظروف العمل، المرافق والخدمات، بيئة الأمن والسلامة، الأمان الوظيفي، الأجور والمزايا، علاقات الزمالة، إدارة التغيير).

- **العلاقات الإنسانية** (سياسة الدائرة المتعلقة بالبيئة والتأثيرات المترتبة عليها، الدور المجتمعي للدائرة).

- **الشفافية** (شفافية أنظمة وإجراءات الموارد البشرية، شفافية القرارات المتعلقة بالموارد البشرية).

- **التوطين** (برامج تنمية وتطوير المواطنين، فرص التقدم الوظيفي للمواطنين).

2.7 مؤشرات الأداء المتعلقة بالموارد البشرية

وهي مقاييس أداء داخلية (من وجهة نظر المؤسسة) من أجل مراقبة وفهم وتحديد والتنبؤ بأداء المؤسسة فيما يتعلق بالموارد البشرية. وحسب طبيعة عمل المؤسسة من الممكن أن تشمل مؤشرات الأداء المتعلقة بالموارد البشرية:

- **الإنجازات** (الكفاءات المطلوبة مقارنة بالكفاءات المتوفرة، الإنتاجية، مستويات نجاح برامج التدريب والتنمية).

- **التحفيز والمشاركة** (المشاركة في فرق التحسين، المشاركة في نظم الاقتراحات، المشاركة في برامج التدريب والتطوير، الفوائد من فرق العمل، تقدير جهود الموظفين وفرق العمل، نسبة الاستجابة لاستبيانات الرأي).

- **مستويات الرضا** (مستويات الغياب، مستويات الاجازات المرضية، نسبة حوادث العمل، التظلمات، معدل دوران العمل).

- **الخدمات المقدمة للموارد البشرية** (دقة خدمات شؤون الموظفين، فعّالية الاتصال، سرعة الاستجابة للاستفسارات والطلبات، تقييم التدريب).

- **التوطين** (نسبة التوطين في مختلف المستويات الوظيفية/ فئات الوظائف، نسب الزيادة في أعداد المواطنين، معدلات استمرارية الخدمة).

8. نتائج المجتمع

يركز هذا المعيار على نتائج الدائرة المتعلقة بعلاقاتها والتزاماتها تجاه المجتمع. **وبشكل عام يشمل هذا المعيار الرئيسي المعيارين الفرعيين التاليين:**

1.8 مقاييس رأي المجتمع

وتعبر عن رأي المجتمع بالمؤسسة - من وجهة نظر أفراد المجتمع، وذلك من خلال استبيانات الرأي، التقارير، الشكاوى، اللقاءات والاجتماعات العامة ... الخ. وبناءً على طبيعة عمل المؤسسة **من الممكن أن يشمل هذا المعيار الفرعي النتائج التالية:**

- الالتزام بالعمل كمؤسسة مسؤولة عن المجتمع (مثل توفير ونشر المعلومات ذات العلاقة، المساواة في مجال التعامل والخدمات المقدمة للمجتمع، طبيعة العلاقة والتعاون مع الدوائر والجهات الأخرى).

- المشاركة في النشاطات المجتمعية (مثل المشاركة في التدريب والتعليم، دعم المشاريع الخيرية، دعم الرياضة والنشاطات الثقافية، الجهود والمبادرات التطوعية والإنسانية).

- الجهود المبذولة لتقليل الإزعاج والأضرار الناجمة عن أعمال الدائرة (مثل الأخطار الصحية وأخطار الحوادث، الإزعاج، السلامة، التلوث).
- الشفافية (مثل سهولة الوصول إلى المعلومات، مدى تعريف الدائرة بإنجازاتها المجتمعية).

2.8 مؤشرات الأداء المتعلقة بالمجتمع

وهي مقاييس أداء داخلية (من وجهة نظر الدائرة) من أجل مراقبة وفهم وتحديد والتنبؤ بأداء الدائرة فيما يتعلق بالمجتمع وبالتزاماتها تجاهه. وحسب طبيعة عمل المؤسسة من الممكن أن يشمل هذا المعيار الفرعي بالإضافة لما سبق:

- عدد المبادرات المجتمعية.
- حجم الموارد المخصصة لخدمة المجتمع.
- تأثيرات المبادرات المجتمعية.

9. نتائج الأداء الرئيسية

يركز هذا المعيار على نتائج وإنجازات الدائرة مقارنة بالخطط الموضوعة وبما ينسجم مع السياسة والاستراتيجية. **وبشكل عام يتضمن هذا المعيار الرئيسي المعيارين الفرعيين التاليين:**

1.9 مخرجات الأداء الرئيسية

وتمثل نتائج الأداء المخطط لها بناءً على طبيعة عمل وسياسة واستراتيجية المؤسسة. ويمكن أن يشمل هذا المعيار النتائج التالية:

- النتائج المالية، ومن ذلك على سبيل المثال: درجة الالتزام بالموازنة، ترشيد النفقات، العائد على الاستثمار.
- النتائج غير المالية، ومن ذلك على سبيل المثال: الوقت اللازم لتقديم خدمة وإطلاق مشروع أو مبادرة، نسب النجاح في تحقيق الأهداف المتعلقة بالرؤية والرسالة والاستراتيجية، نتائج التطبيقات الإلكترونية

(المعاملات المنجزة، الخدمات المقدمة، الاقتراحات الواردة)، قياس معدلات الإبداع والمشاركة (عدد المشاريع الجديدة، نسبة الاقتراحات المطبقة).

2.9 مؤشرات الأداء الرئيسية

هذه المقاييس خاصة بعمليات الدائرة من أجل مراقبة وفهم وتحديد بالإضافة إلى التنبؤ بـ وتحسين نتائج الأداء المؤسسي. وحسب طبيعة عمل وأهداف وعمليات الدائرة يمكن أن يشمل هذا المعيار الفرعي النتائج التالية:

- العمليات (الوقت اللازم للإنجاز، نسبة الأخطاء، الإنتاجية، الإبداع والتحسين).
- الموارد الخارجية (أداء الموردين، أسعار الموردين، عدد الشراكات والقيمة المضافة من الشراكات، عدد والقيمة المضافة لمبادرات التحسين المنفذة مع الشركاء).
- المباني والأجهزة والمواد (نسبة الأعطال، كفاءة الإستعمال، معدل دوران المخزون، تكاليف الصيانة).
- المعلومات والمعرفة (سهولة الوصول إليها، دقتها، ملاءمتها، توفرها في الوقت الملائم، المشاركة وتبادل المعرفة).

هذا وتبين الجداول التالية معايير التقييم الرئيسية والفرعية لكل فئة من فئات البرنامج، والتي تشمل الدائرة الحكومية المتميزة، الإدارة الحكومية المتميزة، الدائرة الحكومية المتميزة إلكترونياً، فريق العمل المتميز، التجربة الإدارية المتميزة، المشروع التقني/الفني المتميز، فئات التفوق الوظيفي(*).

(*) لمزيد من التفاصيل يمكن الرجوع إلى برنامج دبي للأداء الحكومي المتميز، معايير تقييم فئات البرنامج، الإصدار: مارس 2007.

جدول رقم (12) معايير تقييم الدائرة الحكومية المتميزة

عدد النقاط	المعايير الرئيسية والفرعية	م
100	**القيادة** 1/1 - تطوير الرؤية والرسالة والقيم الجوهرية 2/1 - المشاركة الشخصية في تطوير أنظمة العمل 3/1 - التعامل مع جميع الفئات المعنية 4/1 - بناء ثقافة التميز لدى الموارد البشرية 5/1 - توفير بيئة مشجعة على الإبداع 6/1 - تبني سياسة التغيير	1
80	**السياسة والاستراتيجية** 1/2 - بناء السياسة والاستراتيجية على احتياجات جميع المعنيين 2/2 - اعتماد السياسة والاستراتيجية على معلومات دقيقة 3/2 - إعداد ومراجعة وتحديث السياسة والاستراتيجية 4/2 - شرح وإيصال السياسة والاستراتيجية	2
90	**الموارد البشرية** 1/3 - تخطيط وإدارة الموارد البشرية 2/3 - تحديد وتطوير مهارات وقدرات الموارد البشرية 3/3 - تمكين ومشاركة الموارد البشرية والتعامل معها 4/3 - الاتصال والحوار مع الموارد البشرية 5/3 - الاهتمام بـ ومكافأة وتقدير جهود وإنجازات الموارد البشرية 6/3 - الالتزام بعملية التوطين	3
90	**الشراكة والموارد** 1/4 – إدارة الشراكة 2/4 – إدارة الموارد المالية 3/4 – إدارة الممتلكات 4/4 – إدارة الموارد التقنية 5/4 – إدارة المعلومات والمعرفة	4

عدد النقاط	المعايير الرئيسية والفرعية	م
140	**العمليات** 1/5 – منهجية تصميم وإدارة العمليات 2/5 – تحسين العمليات بطرق إبداعية 3/5 – تصميم وتطوير وتقديم الخدمات 4/5 – إدارة وتقوية علاقات المتعاملين	5
200	**نتائج المتعاملين** 1/6 – مقاييس رأي المتعاملين 2/6 – مؤشرات الأداء المتعلقة بالمتعاملين	6
90	**نتائج الموارد البشرية** 1/7 – مقاييس رأي الموارد البشرية 2/7 – مؤشرات الأداء المتعلقة بالموارد البشرية	7
60	**نتائج المجتمع** 1/8 – مقاييس رأي المجتمع 2/8 – مؤشرات الأداء المتعلقة بالمجتمع	8
150	**نتائج الأداء الرئيسية** 1/9 – مخرجات الأداء الرئيسية 2/9 – مؤشرات الأداء الرئيسية	9
1000	المجموع	

جدول رقم (13) معايير وعناصر تقييم الإدارة الحكومية المتميزة

عدد النقاط	المعايير الرئيسية والفرعية	م
130	**القيادة** 1/1 - تبني رؤية ورسالة الدائرة 2/1 - المشاركة الشخصية في تطوير أنظمة العمل 3/1 - التعامل مع جميع الفئات المعنية 4/1 - بناء ثقافة التميز لدى الموارد البشرية 5/1 - توفير بيئة مشجعة على الإبداع 6/1 - تبني سياسة التغيير	1
50	**السياسة والاستراتيجية** 1/2 - المساهمة في إعداد السياسة والاستراتيجية 2/2 - شرح وإيصال السياسة والاستراتيجية	2
100	**الموارد البشرية** 1/3 - تخطيط الموارد البشرية 2/3 - تنمية وتطوير مهارات الموارد البشرية 3/3 - تقييم إدارة الموارد البشرية 4/3 - تمكين ومشاركة الموارد البشرية 5/3 - مكافأة وتقدير الموارد البشرية والعناية بها	3
60	**الشراكة والموارد** 1/4 - إدارة الشراكة 2/4 - إدارة الموارد المالية 3/4 - إدارة الممتلكات 4/4 - إدارة الموارد التقنية 5/4 - إدارة المعلومات والمعرفة	4

عدد النقاط	المعايير الرئيسية والفرعية	م
160	العمليات 1/5 – منهجية تصميم وإدارة العمليات 2/5 – تحسين العمليات بطرق إبداعية 3/5 – تصميم وتطوير وتقديم الخدمات 4/5 – إدارة وتقوية علاقات المتعاملين	5
200	نتائج المتعاملين 1/6 – مقاييس رأي المتعاملين 2/6 – مؤشرات الأداء المتعلقة بالمتعاملين	6
100	نتائج الموارد البشرية 1/7 – مقاييس رأي الموارد البشرية 2/7 – مؤشرات الأداء المتعلقة بالموارد البشرية	7
40	نتائج المجتمع	8
160	نتائج الأداء الرئيسية 1/9 – مخرجات الأداء الرئيسية 2/9 – مؤشرات الأداء الرئيسية	9
1000	المجموع	

جدول رقم (14) معايير تقييم الدائرة الحكومية المتميزة إلكترونياً

م	المعايير الرئيسية والفرعية	عدد النقاط
1	**تطوير وإدارة المحتويات على الإنترنت** 1/1 - مراعاة احتياجات المستخدمين في تصميم الموقع 2/1 - التعاون والتنسيق مع حكومة دبي الإلكترونية 3/1 - المنهجية المطبقة لنشر المحتويات على الإنترنت 4/1 - المنهجية المطبقة لمراقبة جودة محتويات الموقع	30
2	**تطوير وإدارة الخدمات الإلكترونية** 1/2 - تسهيل الخدمات المقدمة للمتعاملين 2/2 - مساهمة الخدمات الإلكترونية في تطوير أداء الدائرة 3/2 - تطوير وصيانة وتوثيق الخدمات الإلكترونية 4/2 - تقييم جودة الخدمات الإلكترونية	40
3	**تطوير وإدارة أمن المعلومات** 1/3 - تطبيق وتوثيق سياسة أمن المعلومات 2/3 - برامج التوعية للحد من حوادث أمن المعلومات 3/3 - تقييم الأضرار الناتجة عن حوادث أمن المعلومات	30
	المجموع	**100**

جدول رقم (15) معايير تقييم فريق العمل المتميز

م	المعيار	عدد النقاط
1	منهجية تشكيل فريق العمل	10
2	منهجية عمل الفريق	20
3	درجة التعاون وروح الفريق	10
4	الإنجازات والنتائج	50
5	تقييم النتائج	10
	المجموع	100

جدول رقم (16) معايير تقييم التجربة الإدارية المتميزة

م	المعيار	عدد النقاط
1	فكرة التجربة	20
2	تطبيق التجربة	20
3	تأثيرات / فوائد التجربة	60
	المجموع	100

جدول رقم (17) معايير تقييم المشروع التقني / الفني المتميز

م	المعيار	عدد النقاط
1	فكرة المشروع	20
2	تطبيق المشروع	20
3	تأثيرات / فوائد المشروع	60
	المجموع	100

جدول رقم (18) معايير تقييم فئات التفوق الوظيفي

الموظفون الجدد	الوظائف الإشرافية	الموظف الحكومي المتميز	المعيار	م
40	40	20	الأداء والإنجاز	1
20	20	20	المبادرة والإبداع	2
20	20	20	التعاون والالتزام الوظيفي	3
20	20	20	المشاركة وتحمل المسؤولية	4
-	100	-	المهارات الإشرافية	5
-	-	20	القدرة على التعلم	6
100	200	100	المجموع	

جائزة الملك عبدالعزيز للجودة[1]

تأسيس الجائزة

تأسست جائزة الملك عبدالعزيز للجودة سنة 1423 هـ (2002 م) بهدف تحفيز جميع القطاعات الاقتصادية على تبني مبادىء وأسس الجودة الشاملة ورفع القدرات التنافسية وتفعيل التحسين المستمر لأداء هذه القطاعات وتكريم المؤسسات المتميزة، الأمر الذي من شأنه أن يسهم في رفع مستوى جودة المنتجات والخدمات المقدمة، وبالتالي زيادة قدرة المؤسسات في جميع القطاعات على منافسة المنتجات والخدمات الأجنبية في المملكة العربية السعودية والأسواق العالمية.

وبشكل عام تهدف الجائزة لما يلي:

1. نشر الوعي بالجودة وأهمية تطبيقها.

2. تبني التخطيط الاستراتيجي للجودة لرسم ووضع الخطط والأهداف ووسائل تحقيقها.

3. تحفيز القطاعات المختلفة لتبني مبادىء وأسس الجودة الشاملة وتطبيقاتها على المستوى الوطني.

4. زيادة القدرات التنافسية للمؤسسات السعودية.

5. الارتقاء بمستوى أداء القيادات الإدارية في المؤسسات السعودية.

6. تحفيز المؤسسات على الالتزام بالمواصفات والمقاييس الوطنية والدولية.

7. زيادة التفاعل والمشاركة في بناء وخدمة المجتمع ومشاركة التجارب وقصص النجاح.

8. تشجيع متابعة وتقييم الأداء ونشاطات التقييم الذاتي والمقارنات المرجعية مع مؤسسات أخرى وأفضل الممارسات.

---

(1) دليل جائزة الملك عبدالعزيز للجودة، الإصدار الأول صفر 1426 هـ (آذار 2005 م).

فئات الجائزة:

تُقدّم الجائزة للفئات الموضحة في الجدول أدناه:

جدول رقم (19)

فئات جائزة الملك عبدالعزيز للجودة

تسلسل	الفئة	رأس المال
1.	المنشآت الكبيرة	يتجاوز رأس مالها مائة مليون ريال سعودي
2.	المنشآت المتوسطة	يتراوح رأس مالها ما بين عشرة إلى مائة مليون ريال سعودي
3.	المنشآت الصغيرة	يقل رأس مالها عن عشرة ملايين ريال سعودي

ملخص عن المعايير العامة للجائزة[1]

تقوم الجائزة على تسعة معايير، خمسة منها تتعلق بالآليات وتركز على الوسائل التي تتبعها المؤسسة للوصول إلى مستوى الجودة المطلوب، وأربعة منها تتعلق بالنتائج وتُعنى بأداء المؤسسة ونتائجها التي تم تحقيقها عن طريق تطبيق الآليات. **وتتلخص المعايير العامة للجائزة بالتالي:**

1. **القيادة الإدارية**

يتناول هذا المعيار الدور الذي تقوم به قيادة المؤسسة في تحديد القيم وتوجهات المؤسسة ومعايير أدائها، ويهتم بصورة خاصة بكيفية تواصل الإدارة العليا مع كافة الموظفين، والمراجعة المستمرة لأداء المؤسسة، والقيام بإيجاد بيئة تشجع على التمكين والأداء المتميز.

(1) معايير جائزة الملك عبدالعزيز للجودة، الإصدار الأول، 2 صفر 1426 هـ (12 آذار 2005 م).

2. التخطيط الاستراتيجي

يتناول هذا المعيار الطريقة والآلية التي تستخدمها المؤسسة في تحديد رؤيتها وتطلعاتها وأهدافها بعيدة المدى بما في ذلك تحسين موقفها التنافسي وأدائها بصورة عامة في مجالات رضا العملاء والعاملين والمساهمين والموردين والمجتمع، كما ويتناول كيفية إيصال الخطط والأهداف للعاملين وربطها بالعمل اليومي، بالإضافة إلى متابعتها باستمرار وتعديلها – إذا لزم الأمر.

3. الموارد البشرية

يبحث هذا المعيار في كيفية العمل على توظيف كامل قدرات العاملين في المؤسسة لتحقيق أداء متميز، وكيفية مشاركة الموظفين بهدف تطوير إمكانياتهم لضمان فاعليتهم وكيفية تحقيق الرفاهية لهم.

4. إدارة الموردين/الشركاء

يتناول هذا المعيار كيفية إدارة العمليات الخاصة بالموردين والشركاء لتحقيق تميز في علاقات العمل وجودة المدخلات والمخرجات المتبادلة التي تحقق قيمة مضافة وتسهم في إيجاد نوع من المرونة وقدرة أكبر على الاستجابة للمتغيرات، وتؤسس لعلاقة متوازنة طويلة المدى بين الشركاء.

5. إدارة العمليات

يوضح هذا المعيار كيفية تحديد وإدارة تحسين الإجراءات والعمليات الرئيسية لتصميم وتوصيل المنتجات والخدمات المقدمة.

6. **التركيز على العميل**

يناقش هذا المعيار الطريقة التي تستخدمها المؤسسة في تحديد المتطلبات والتوقعات والتفصيلات الخاصة بالعملاء والأسواق وبما يضمن أن تبقى منتجاتها وخدماتها مناسبة لهم.

7. **المعلومات والتحليل**

يبحث هذا المعيار في كيفية توفير أنظمة فعّالة لجمع المعلومات لقياس وتحليل وتوجيه وتحسـين الأداء على جميع المستويات وفي جميع وحدات العمل في المؤسسة.

8. **دور المؤسسة في خدمة المجتمع**

يتناول هذا المعيار نظرة المجتمع ككل إلى أثر المؤسسة عليه، والأعمال الإيجابية التي تساهم فيهـا المؤسسة لخدمة المجتمع.

9. **نتائج الأعمال**

يتعلق هذا المعيار بالنتائج الرئيسية للمؤسسة التي تركـز عـلى العمـلاء، ويؤخـذ بالاعتبار كـذلك نتائج المؤسسة المتعلقة بالموارد البشرية والموردين، بالإضافة إلى النتائج الماليـة ونتـائج الاسـتثمار في البحث والتطوير ونتائجها المتعلقة بالتصدير.

والجدول التالي يبين المعايير العامة والمعايير الفرعية والنقاط الخاصة بكل معيار[*]:

جدول رقم (20)

معايير جائزة الملك عبدالعزيز للجودة

النقاط[**]	المعايير الفرعية	المعيار الرئيسي
50	1/1 توجهات الإدارة العليا	1.القيادة الإدارية
50	2/1 مراجعة أداء المنشأة	
50	3/1 تشجيع ونشر ثقافة الجودة	
150		المجموع
40	1/2 عملية إدارة التخطيط الاستراتيجي	2. التخطيط الاستراتيجي
30	2/2 الأهداف الاستراتيجية وخطة العمل	
20	3/2 البحث والتطوير	
90		المجموع
20	1/3 تخطيط الموارد البشرية واختيارها	3. الموارد البشرية
20	2/3 التدريب والتعليم	
20	3/3 الأداء والتقدير	
20	4/3 رضا العاملين وبيئة العمل	
20	5/3 مشاركة الموظفين	
100		المجموع

(*) لمزيد من التفاصيل يمكن الرجوع إلى معايير جائزة الملك عبدالعزيز للجودة، الإصدار الأول، 2 صفر 1426 هـ (12 آذار 2005 م).

(**) جدير بالذكر أن الأوزان المختلفة التي أعطيت لكل معيار قابلة للتغيير من سنة لأخرى، وسيتم تعديلها بناءً على ما تحققه المنشآت العاملة في المملكة العربية السعودية من دورة لأخرى.

تابع جدول رقم (20): معايير جائزة الملك عبدالعزيز للجودة

النقاط	المعايير الفرعية	المعيار الرئيسي
20	1/4 اختيار الموردين وتقويمهم	4. إدارة الموردين/الشركاء
10	2/4 التركيز على الموردين المحليين والمنتجات المحلية	
10	3/4 العلاقات والإتفاقيات بعيدة المدى	
10	4/4 المشاركة في تحسين جودة الموردين	
50		المجموع
100	1/5 نظام إدارة الجودة أيزو 9000 أو ما يناظر ذلك	5. إدارة العمليات
40	2/5 التحسين المستمر	
40	3/5 تطبيق المواصفات القياسية السعودية أو الدولية المعتمدة	
180		المجموع
40	1/6 المعرفة بالعملاء والسوق	6. التركيز على العميل
30	2/6 إدارة العلاقات مع العملاء	
30	3/6 قياس وتعزيز رضا العملاء	
100		المجموع
20	1/7 قياس أداء المنشأة	7. المعلومات والتحليل
10	2/7 تحليل أداء المنشأة	
20	3/7 تحسين أداء المنشأة	
50		المجموع

تابع جدول رقم (20): معايير جائزة الملك عبدالعزيز للجودة

النقاط	المعايير الفرعية	المعيار الرئيسي
15	1/8 المساهمة في التنمية الوطنية	8. التأثير على المجتمع
30	2/8 المسؤوليات نحو المجتمع	
40	3/8 دعم السعودة	
15	4/8 المشاركة في تدريب وتعليم المجتمع	
100		المجموع
40	1/9 رضا العملاء	9. نتائج الأعمال
40	2/9 النتائج المالية	
30	3/9 الموارد البشرية	
25	4/9 الموردون/الشركاء	
20	5/9 الاستثمار في البحث والتطوير	
25	6/9 التصدير	
180		المجموع
1000	المجموع الكلي	

دور نماذج وجوائز التميز في تحقيق الجودة الشاملة

وباستعراض لما سبق، نلاحظ أن نماذج وجوائز التميز العالمية منها والعربية التي تم التطرق إليها مثل النموذج الأوروبي للتميز وجائزة ديمنج وجائزة مالكوم بالدريج على المستوى العالمي، بالإضافة إلى جائزة الملك عبدالله الثاني للتميز بكافة قطاعاتها وبرنامج دبي للأداء الحكومي المتميز وأخيراً جائزة الملك عبدالعزيز للجودة كأمثلة على جوائز التميز العربية، تقوم جميعها على مفاهيم وتطبيقات الجودة الشاملة، وتكاد تجمع معظمها على هدف مشترك يتمثل بنشر وتعميق ثقافة الجودة على مستوى الأفراد والمؤسسات وصولاً إلى رفع مستوى الأداء وضبط النفقات والارتقاء بجودة ما يقدّم من منتجات وخدمات.

وبشكل عام، يمكن تلخيص دور نماذج وجوائز التميز في تحقيق الجودة الشاملة بما يلي:

- نشر وتعميق ثقافة الجودة في المؤسسات على وجه الخصوص والمجتمعات عموماً التي توجد فيها مثل هذه النماذج والجوائز، وذلك عن طريق زيادة الوعي بمفاهيم إدارة الجودة الشاملة وتطبيقاتها المختلفة.

- توفير مرجعية إرشادية وأسس معيارية تقوم على أفضل الممارسات لقياس مدى التقدّم والتطوّر في أداء المؤسسات المشاركة في مثل هذه الجوائز، وتعزيز التنافس الإيجابي فيما بينها.

- تبادل الخبرات المتميزة ومشاركة قصص النجاح فيما بين المؤسسات المشاركة ومع المؤسسات الأخرى.

- تزايد الاهتمام بمتابعة وتقييم الأداء، وعمليات التقييم الذاتي، والمقارنات المعيارية والتي أما أن تكون مع بيانات تاريخية لنفس المؤسسة أو مع مؤسسات متميزة تعمل في نفس المجال أو مع نظم عمل لمؤسسات متميزة تعمل في مجالات مختلفة.

- تعزيز الموقع التنافسي للمؤسسات المشاركة عن طريق التحسين المستمر للعمليات ونظم وإجراءات العمل والارتقاء بمستوى الأداء فيها.

- دعم برامج التخطيط والتطوير وتحسين الإنتاجية وزيادة الكفاءة، بالإضافة إلى ترشيد الإنفاق وضمان الالتزام بتقديم خدمات ومنتجات بمستوى عالٍ من الجودة، وما لذلك من انعكاسات على المؤسسات المشاركة والمجتمع عموماً.

وفي واقع الحال، لا بد أن ندرك حقيقةً سبق وأشرنا إليها في أكثر من مكان، وهي أن رحلة الجودة الشاملة على طريق التميز ليست لها حدود، ولكن تبني القيادات في المؤسسات أياً كان حجمها وطبيعة عملها لمفاهيم الجودة الشاملة والالتزام بمبادئها أبرز أسباب نجاح التجارب المختلفة في هذا المجال، فالطريق نحو التميز تبدأ من هذه النقطة تحديداً، من تبني القيادات في المؤسسات لمفاهيم الجودة الشاملة والالتزام بمبادئها من ناحية، ومشاركة العاملين وعلى كافة المستويات في تطبيق ما تقوم عليه من ناحية أخرى.

الفصل الثامن

عن الأيزو 9000 ...
المواصفة الأهم والأشهر في العالم
Quality Management System...ISO 9000

مقدمة

بدأت الفكرة خلال الخمسينات والستينات من القرن الماضي، وذلك عندما ظهرت الحاجـة لـدى وزارة الدفاع البريطانية إلى نظام للتحقق مـن جـودة الأسلحة والمعدات التي يتم توريدها بواسطة الشركات المنتجة، وبالتالي بدأ العمل بما يسمى مواصفات الـدفاع Defense Standards التي يجب الالتزام بها من قبل المنتجين والموردين للمعدات الحربية، ونظراً لما حققته هذه المواصفات مـن نجـاح فقد تم دمجها لاحقاً فيما أصبح يعرف بمواصفات الحلفاء للجودة التي استخدمت للتأكد مـن جـودة المعدات الحربية الموردة إلى الحلف (حلف الناتو)، **وكان ذلك في السبعينات**. ثـم ظهـرت الحاجـة فيمـا بعد إلى نظام مماثل للجودة يمكن تطبيقه في المجالات الأخرى، سواء أكانت صناعية أم خدمية، وبالتـالي تم إصدار المواصفة البريطانية BS 5750 **في عام 1979** وذلك للإنتاج غير الحربي.

ومع ازدياد حدة المنافسة وانفتاح الأسواق وتحرير تجـارة السـلع والخـدمات تـم في **عـام 1987 إصدار المواصفة الدولية لنظم إدارة الجـودة ISO 9000**، وهـي مطـابقة للمواصـفة البريطانيـة BS 5750، ولذلك أطلق عليها اسم المواصفة BS 5750 / ISO 9000.

وفي العام 1994 تم تعديل اسم المواصفة على النحو التـالي BS/EN/ISO 9000 - **واختصاراً ISO 9000**، وقد جاءت هذه الإضافة نظراً لتطابق مواصفة الأيزو مـع المواصفة البريطانيـة BS والمواصفة الأمريكية EN، كما اشتمل التعديل على بعض المفاهيم والمصطلحات[1]، ثم جرى تعـديل آخر عليهـا في عام 2000، حيث جاء الإصدار الثالث (ISO 9001:2000)، ليلغي ويحل محل الإصدار الثاني

(1) عادل الشبراوي، **الدليل العملي لتطبيق إدارة الجودة الشاملة**: أيـزو 9000 – المقارنة المرجعية، الشركة العربية للإعلام العلمي " شعاع "، القاهرة، 1995.

(ISO 9001:1994)، بالإضافة إلى كلٍ من (ISO 9002:1994) و (ISO 9003:1994) كما سنرى لاحقاً.

وفي عـام 2008، جـاء الإصـدار الرابـع (ISO 9001:2008) ليلغـي ويحـل محـل الإصدار الثالـث (ISO 9001:2000)[*].

فما هي شهادة الأيزو 9000؟

بدايةً، الأيزو 9000 هي عبارة عن مجموعة من المواصفات القياسية الدوليـة لـنظم إدارة الجـودة يمكن أن تستخدم على نطاق واسع. وفي الواقع فإن الأيـزو 9000 يجمـع المواصـفات وينسـقها في نظام واحد يتضمن المبادئ العامة الرئيسية لأشكال إدارة الجودة وضمان الجودة المتعـددة والمتنوعـة، والتـي تم تطويرها من قبل المنظمة الدولية للتقييس[*] وأصبحت تعرف باسم مواصفة الأيزو 9000.

وقد جاءت التسمية مـن الحـروف الثلاثـة الأولى للكلمـات المأخـوذة مـن اسـم المنظمـة الدوليـة للتقييس باللغة الإنجليزيـة (International Standardization Organization - ISO)، وهـي مشـتقة كذلك من الكلمة اليونانية " ISOS "، والتي تعني يساوي Equal .

(*) صدرت المواصفة الجديدة بتاريخ 15 تشرين الثاني 2008، والكتاب في مراحل الإعداد النهائية.

(*) المنظمة الدولية للتقييس (The International Organization for Standardization)، مقرها جنيـف/سويسـرا، وهي عبارة عن اتحاد دولي لهيئات التقييس الوطنية التي تمثل الدول الأعضاء في منظمـة الأيـزو، وعـادةً مـا تقـوم لجان فنية متخصصة في هذا الاتحاد بإعداد المواصفات القياسية الدولية.

لماذا الأيزو 9000؟

من المعروف أن لكل دولة مواصفاتها الخاصة بها، ولكن لكي تكون منافسة على المستوى العالمي لا بد أن تكون مواصفات منتجاتها (سلعها وخدماتها) ملائمة للدول الأخرى، ففي ظل العولمة وانفتاح الأسواق وتحرير تجارة السلع والخدمات أصبحت الحاجة ملحة لوجود مواصفات ومقاييس موحدة تأخذ بالاعتبار المواصفات والمقاييس للدول المختلفة. وبطبيعة الحال كانت من أكثر المحاولات نجاحاً في هذا المجال هي محاولة المنظمة الدولية للتقييس، التي طوّرت ما يعرف الآن بـ " الأيزو 9000 ". **ولكن لماذا الاهتمام بالحصول على شهادة الأيزو؟**

السر يكمن في كلمة واحدة هي " **المنافسة** "، فازدياد حدة المنافسة في ظل العولمة وانفتاح الأسواق وتحرير تجارة السلع والخدمات، إضافةً إلى اهتمام الدول المختلفة بضمان حصول مواطنيها على أجود السلع والخدمات، جعل كثير من المؤسسات تهتم بالحصول على هذه الشهادة التي تمنحها ميزة نسبية تجعلها أكثر قدرة على تلبية احتياجات العملاء بل وتجاوز توقعاتهم.

وبشكل عام يمكن القول أن الحصول على شهادة الأيزو يحقق للمؤسسة المزايا التالية:

- مأسسة العمل من خلال توفير المرجع والدليل الارشادي وتوثيق الإجراءات ومراجعة وتحسين العمليات.

- الاستفادة من نتائج التدقيق الداخلي كأداة للمراجعة والتقييم الذاتي، وبالتالي التحسين المستمر.

- تحسين بيئة العمل وتعزيز ثقافة الجودة بين العاملين وعلى كافة المستويات من خلال التدريب والتعليم المستمر.

- إعطاء العاملين شعوراً بالارتياح والثقة بالنفس بسبب وجود شهادة تؤكد أن لدى المؤسسة نظاماً يرتقي إلى المواصفات القياسية الدولية، وهذا ما يعني نوع من التحفيز ورفع روحهم المعنوية.

- تعزيز الصورة العامة للمؤسسة من خلال إظهارها بمظهر من يضع الجودة في قمة اهتماماته وعلى رأس أولوياته.

- زيادة القدرة التنافسية للمؤسسة ومساعدتها على دخول أسواق جديدة.

- تخفيض التكاليف وتجنب المخاطر المترتبة على عدم الوفاء بمتطلبات الجودة، ومن ذلك على سبيل المثال تقليل الأخطاء والعيوب وإعادة العمل.

- بناء شراكات راسخة وعلاقات متميزة مع كلٍ من العملاء والموردين.

الجودة الشاملة والأيزو 9000

وهنا تجدر الإشارة إلى أن سلسلة المواصفات القياسية الدولية (الأيـزو 9000)، والتي وضعت كمعايير دولية للممارسات الإدارية الجيدة التي تضمن أن المؤسسة تستجيب لمتطلبات العملاء من المنتجات، وتعرّف على أنها متطلبات نظم إدارة الجودة التي يمكن أن تطبق في أي مؤسسة، الأمر الـذي يعني أن هذه المؤسسة لديها القدرة على الوفاء بمتطلبات العملاء بمستوى عـالٍ مـن الجـودة، وهـي كذلك مؤشر جيد للتعامل مع العملاء الحاليين والمستهدفين والقدرة على تلبية احتياجاتهم وتوقعـاتهم، **تستجيب وتتوافق مع مفاهيم إدارة الجودة الشاملة.**

وبالتالي فإن المواصفة القياسية الدولية الأيزو 9000 من الممكن أن تساعد المؤسسات عـلى الوفـاء بمتطلبات **إدارة الجودة الشاملة** باعتبارها تقدّم رؤية أكثر شمولية وتطوراً، فالجودة الشاملة تعبـر عـن جودة السلع والخدمات بنفس الدرجة،

وكذلك جودة العناصر والمدخلات والعمليات المستخدمة لإنتاج تلك السلع والخدمات بالإضافة إلى الأفراد وحتى البيئة[1].

وعليه يمكن القول أن **الحصول على شهادة الأيزو 9000 قد يكون مدخلاً مناسباً** للمؤسسات الراغبة في التحوّل نحو إدارة الجودة الشاملة، باعتبارها مواصفة قياسية دولية تقدّم خطوطاً عريضة توضح للمؤسسة ما هو المطلوب من نظام إدارة الجودة المستهدف، وجميع المتطلبات الواردة فيها عامة يمكن تطبيقها في جميع المؤسسات التي تنتج سلع أو تقدّم خدمات بغض النظر عن نوعها وحجمها وطبيعة عملها، كما أنها ليست مواصفات للسلعة الجيدة أو الخدمة الجيدة بقدر ما هي مواصفات للعمل الجيد داخل أي مؤسسة هدفها النهائي تحقيق الجودة، في حين تبقى إدارة الجودة الشاملة التي تعبر عن نشاطات تحسين مستمرة تشمل كل فرد في المؤسسة في جهد شامل ومتكامل لتحسين الأداء على جميع المستويات الإطار الأعم والأكثر شمولية وتطوراً، كما سبق وأشرنا.

وبقي أن نشير إلى أن سلسلة المواصفات القياسية الدولية - الأيزو 9000، تنقسم بشكل عام إلى ما يلي:

- مواصفات الأيزو 9001، وتتناول ما يجب أن تكون عليه نظم إدارة الجودة في المؤسسات الصناعية أو الخدمية التي يبدأ عملها بالتصميم وينتهي بخدمة ما بعد البيع، وتتضمن البنود الرئيسية والفرعية جميعاً.
- مواصفات الأيزو 9002، وتتناول ما يجب أن تكون عليه نظم إدارة الجودة في المؤسسات سواء كانت صناعية أم خدمية، دون التصميم أو خدمة ما بعد البيع. وتتضمن جميع البنود باستثناء ما يتعلق منها بـ " التصميم وخدمة ما بعد البيع ".

[1] The UNIDO / JSA Approach, Ibid, P 4.

- مواصفات الأيزو 9003، وتتناول ما يجب أن تكون عليه نظم إدارة الجودة في مراحل التفتيش والاختبارات النهائية، لذلك تهتم بها المؤسسات التي لا تحتاج لنظم جودة شاملة لأنها لا تعمل بالإنتاج أو تقديم السلع والخدمات، وانما يقتصر عملها على الفحص والتفتيش والاختبار، وتتضمن البنود التي تتعلق بهذا المجال فقط.
- مواصفات الأيزو 9004 (وهي إرشادية فقط)، حيث تحدد عناصر ومكونات نظم إدارة الجودة، وتعتبر المرشد الذي يحدد كيفية إدارة هذه العناصر والمكونات.

وهنا نؤكد بأن متطلبات نظم الجودة المنصوص عليها في هذه المواصفات الثلاث هي مكملة لبعضها البعض وليست بديلة، وأن تطبيق نظام إدارة الجودة سيخضع إلى طبيعة عمل كل مؤسسة واحتياجاتها، علماً بأن **المواصفة 2000/9001** قد جاءت لتلغي وتحل محل سلسلة المواصفات المشار إليها والمتمثلة بالمواصفة 9001، والمواصفة 9002، والمواصفة 9003 كما سبق وأشرنا، حيث ترك للمؤسسة اختيار ما ينطبق عليها من بنود رئيسية وفرعية طبقاً لطبيعة نشاطها واحتياجاتها، وبالتالي فإن المتطلبات التي لا يمكن تطبيقها من هذه المواصفة يستثنى ما دام لا يؤثر على قدرة المؤسسة ومسؤولياتها الأخرى(*).

كما وجاءت **المواصفة 2008:9001** والتي صدرت أواخر عام 2008 لتلغي وتحل محل المواصفة 2000:9001.

(*) **هناك أيضاً مواصفة الأيزو 14000**، وتتعلق بمدى مطابقة إنتاج السلع أو الخدمات للمواصفات البيئية من ناحية تأثيرها أو عدم تأثيرها على التلوث البيئي. وبعبارة أخرى فإن الأيزو 9000 هو للجودة في حين أن الأيزو 14000 هو للبيئة.

واخيراً، فإن تبني نظام إدارة الجودة يجب أن يكون قراراً استراتيجياً للمؤسسة، حيث يتأثر تصميم وتطبيق النظام بمجموعة من العوامل هي [1]:

1. بيئة المؤسسة والتغيرات في هذه البيئة والمخاطر المرتبطة بها.

2. الاحتياجات المختلفة للمؤسسة.

3. الأهداف الخاصة بها.

4. المنتجات التي تقدمها.

5. العمليات التي تقوم بها.

6. حجم وهيكل تلك المؤسسة.

هذا ويمكن استخدام هذه المواصفة من قبل أطراف داخلية وخارجية، بما فيها جهات منح الشهادات لتقييم قدرة المؤسسة على الوفاء بمتطلبات العملاء والمتطلبات القانونية والتنظيمية المتعلقة بالمنتجات التي تقدمها ومتطلبات المؤسسة ذاتها.

كما تحث هذه المواصفة على تبني **منهج العملية** عند وضع وتطبيق وتحسين فاعلية نظام إدارة الجودة لتعزيز رضا العميل من خلال الوفاء بمتطلباته، علماً بأن العملية تعرّف بأنها النشاط/مجموعة النشاطات التي تستخدم موارد ويتم من خلالها تحويل المدخلات إلى مخرجات، وغالباً ما يكون مخرج عملية مدخلاً لعملية أخرى.

وبشكل عام فإن المواصفة 9001 تقوم على ثمانية بنود رئيسية، يتفرع عنها العديد من البنود الأخرى. وهي كما يلي [2]:

---

(1) الإصدار الرابع (ISO 9001:2008) ، تاريخ 15 تشرين الثاني 2008.

(2) المواصفة القياسية الدولية (ISO 9001/2000) – الترجمة المعتمدة، بالإضافة إلى الإصدار الرابع من المواصفة (ISO 9001/2008) والتي صدرت بتاريخ 2008/11/15.

1. المجال

- **تحدد** المواصفة القياسية الدولية (الأيزو 9001) متطلبات نظام إدارة الجودة للمؤسسة التي تحتاج إلى إثبات مقدرتها على توفير منتج يفي بمتطلبات العميل بالإضافة إلى الوفاء بالمتطلبات القانونية والتنظيمية المعمول بها من ناحية، وإلى تعزيز رضا العميل من خلال التطبيق الفاعل والتحسين المستمر للنظام من ناحية أخرى.
- جميع المتطلبات الواردة في هذه المواصفة القياسية الدولية **عامة** وتطبق على جميع المؤسسات بغض النظر عن نوعها وحجمها وطبيعة منتجاتها، وعندما لا يمكن تطبيق أي من متطلبات هذه المواصفة القياسية الدولية على المؤسسة بسبب طبيعة عملها وما تقدمه من منتجات فيمكن اعتبار ذلك استثناء لا يؤثر على مقدرة ومسؤولية المؤسسة في تقديم منتج يفي بمتطلبات العميل والمتطلبات القانونية والتنظيمية المعمول بها.

2. المرجع القياسي

أيزو 2005/9000: نظم إدارة الجودة - الأسس والمصطلحات.

3. العبارات والتعاريف

تطبق العبارات والتعاريف الواردة بالمواصفة القياسية الدولية أيزو 9000 على هذه الوثيقة.

وتجدر الإشارة هنا أيضاً أن كلمة " المنتج " تعني كذلك الخدمة حيثما وردت هذه المواصفة القياسية الدولية.

4. نظام إدارة الجودة

1.4 متطلبات عامة، حيث يجب على المؤسسة أن تنشىء وتوثق وتطبق وتحافظ على نظام لإدارة الجودة وتُحسّن فاعليته باستمرار وفقاً للمتطلبات الـواردة في هـذه المواصفة القياسية الدولية. كـما ويجب على المؤسسة وفقاً لذلك أن تقوم بتحديد:

- العمليات اللازمة لنظام إدارة الجودة وتطبيقها في المؤسسة.

- تتابع وتداخل هذه العمليات.

- المعايير والأساليب المطلوبة للتحقق من فاعلية التطبيق.

- الموارد والمعلومات الضرورية لدعم تطبيق ومراقبة هذه العمليات.

- مراقبة وقياس هذه العمليات حيثما أمكن وتحليلها.

- الإجراءات المتخذة لتحقيق النتائج المخططة والتحسين المستمر لهذه العمليات.

2.4 متطلبات التوثيق

1.2.4 عام، حيث يجب أن تشمل وثائق نظام إدارة الجودة ما يلي:

- بيان موثق لسياسة وأهداف الجودة.

- دليل الجودة Quality Manual.

- إجراءات وسجلات موثقة (مطلوبة في هذه المواصفة القياسية الدولية)*.

- الوثائق بما فيها السجلات التي تحتاجها المؤسسة لضمان التخطيط والتشغيل والضبط الفاعل لعملياتها.

(*) وفقاً للمواصفة فإن الإجراءات المطلوب توثيقها هي: ضبط الوثائق، ضبط السجلات، التدقيق الـداخلي، التحكم بالمنتجات غير المطابقة، الإجراءات التصحيحية، الإجراءات الوقائية. كما بإمكان المؤسسة توثيق أية إجراءات أخرى تراها ضرورية لضمان التخطيط والتطبيق والتحسين المستمر لفاعلية نظام إدارة الجودة.

هذا ويمكن أن تختلف متطلبات التوثيق من مؤسسة لأخرى وفقاً لما يلي:

- حجم المؤسسة وطبيعة نشاطها.
- مدى تعقيد العمليات وتداخلها.
- كفاءة ومهارات العاملين فيها.

2.2.4 دليل الجودة، إذ يجب على المؤسسة أن تنشيء وتحافظ على دليل الجودة، وبحيث يتضمن ما يلي:

- المجالات التي يغطيها نظام إدارة الجودة.
- الإجراءات التي تم توثيقها بموجب النظام، أو الإشارة إليها.
- وصف التداخل بين عمليات نظام إدارة الجودة.

3.2.4 ضبط الوثائق، وذلك من خلال **إجراء موثق** وفقاً للمواصفة، وكما يلي:

- اعتماد الوثائق التي تفي بالحاجة قبل إصدارها.
- مراجعة وتحديث الوثائق عند الضرورة، ومن ثم إعادة اعتمادها.
- التأكد من تمييز المراجعات والتعديلات السارية على الوثائق.
- التأكد من استخدام الإصدارات المناسبة (الصحيحة) للوثائق.
- التأكد أن الوثائق واضحة ومقروءة ويمكن تمييزها.
- ضمان تمييز الوثائق خارجية المصدر التي يتم تحديدها من قبل المؤسسة كوثائق ضرورية لتخطيط وتطبيق نظام إدارة الجودة، والتحكم في أسلوب توزيعها.
- منع الاستخدام غير المقصود للوثائق الملغاة، واتباع الأسلوب المناسب لتمييزها عند وجود حاجة للاحتفاظ بها.

4.2.4 ضبط السجلات، وذلك من خلال:

- إنشاء السجلات والمحافظة عليها بما يضمن التطبيق الفعّال لنظام إدارة الجودة من ناحية، كما يجب ضبط هذه السجلات من ناحية أخرى.

- إعداد وتوثيق إجراء لتحديد الضوابط اللازمة لتمييز وتخزين وحماية واسترجاع السجلات، بالإضافة إلى فترة الاحتفاظ بها والتخلص منها.

- وأخيراً، السجلات يجب أن تكون واضحة وسهلة التمييز والاسترجاع.

5. مسؤولية الإدارة، وتشمل:

1.5 التزام الإدارة، حيث يجب على الإدارة العليا أن تقدّم الـدليل عـلى التزامها بتطـوير وتطبيـق نظام إدارة الجودة والتحسين المستمر لفاعليته، وذلك عن طريق:

- التوعية بأهمية الالتزام بمتطلبات العميل والمتطلبات القانونية والتنظيمية.

- وضع سياسة الجودة.

- تحديد أهداف الجودة.

- تنفيذ مراجعات الإدارة.

- التأكد من توفر الموارد.

2.5 التركيز على العميل، وذلك من خلال:

- تحديد متطلبات العملاء.

- العمل على تلبيتها بهدف تعزيز رضائهم.

3.5 سياسة الجودة، إذ على الإدارة العليا التحقق من أن سياسة الجودة:

- مناسبة لأهداف المؤسسة وغاياتها.

- تتضمن الالتزام بتلبية متطلبات نظام إدارة الجودة والتحسين المستمر لفاعليته.

- تحدد إطار عمل لوضع ومراجعة أهداف الجودة.
- معلنة ومفهومة من قبل جميع العاملين في المؤسسة.
- تُراجع بشكل مستمر للتحقق من ملاءمتها ومواكبة المستجدات.

4.5 التخطيط

1.4.5 أهداف الجودة، إذ يجب على الإدارة العليا التحقق من أن أهداف الجودة:

- تشتمل على الاحتياجات اللازمة لتلبية متطلبات المنتج.
- تم إعدادها بما يتناسب مع الوظائف والمستويات الإدارية المختلفة.
- قابلة للقياس.
- تنسجم مع سياسة الجودة.

2.4.5 تخطيط نظام إدارة الجودة، إذ يجب على الإدارة العليا التحقق مما يلي:

- أن التخطيط يتم لغايات تلبية المتطلبات العامة لنظام إدارة الجودة، بالإضافة إلى أهداف الجودة.
- مراعاة المحافظة على تكامل نظام إدارة الجودة عند تخطيط وتنفيذ أية تغييرات عليه.

5.5 المسؤولية والصلاحية والاتصال

1.5.5 المسؤولية والصلاحية، وذلك من خلال قيام الإدارة العليا بالتأكد من تحديد المسؤوليات والصلاحيات وتعميمها داخل المؤسسة.

2.5.5 ممثل الإدارة، حيث يجب على الإدارة العليا أن تحدد عضواً من إدارة المؤسسة يتولى المسؤوليات والصلاحيات التالية، وبغض النظر عن مهامه الأخرى:

- التأكد من أن العمليات المطلوبة لنظام إدارة الجودة قد تم إنشاؤها وتطبيقها والمحافظة عليها.
- رفع التقارير للإدارة العليا عن أداء نظام إدارة الجودة واحتياجات التحسين.
- التأكد من زيادة الوعي بمتطلبات العملاء لكافة العاملين في المؤسسة.

3.5.5 الاتصال الداخلي، إذ يجب على الإدارة العليا التأكد من ملاءمة عمليات الاتصال الداخلي في المؤسسة، وأن ذلك يشمل فاعلية نظام إدارة الجودة المطبق لديها.

6.5 مراجعة الإدارة

1.6.5 عام، حيث يجب على الإدارة العليا مراجعة نظام إدارة الجودة بشكل دوري لضمان استمرارية الملاءمة والكفاية والفاعلية، كما ويجب أن تشمل هذه المراجعة تقييم فرص التحسين ومدى الحاجة لتغيير نظام إدارة الجودة بما في ذلك سياسة وأهداف الجودة.

2.6.5 مدخلات المراجعة، يجب أن تشتمل مدخلات مراجعة الإدارة على معلومات عن:

- نتائج التدقيق (السابقة).
- التغذية الراجعة من العملاء، بما في ذلك الشكاوى والاقتراحات.
- أداء العمليات ومطابقة المنتجات.
- نتائج متابعة تنفيذ الإجراءات التصحيحية والوقائية.
- نتائج متابعة تنفيذ اجتماعات المراجعة السابقة.
- التغييرات التي قد تؤثر على نظام إدارة الجودة المطبق.
- وأخيراً، توصيات من أجل التحسين.

3.5.6 مخرجات المراجعة، إذ لا بد أن تتضمن ما يلي:

- تحسين فاعلية نظام إدارة الجودة وعملياته.
- تحسين المنتج وفقاً لمتطلبات العملاء.
- الاحتياجات من الموارد.

6. إدارة الموارد

1.6 توفير الموارد، حيث يجب على المؤسسة تحديد وتوفير الموارد اللازمة لما يلي:

- تطبيق نظام إدارة الجودة والمحافظة عليه وتحسين فاعليته باستمرار.
- تعزيز رضا العملاء وتلبية متطلباتهم.

2.6 الموارد البشرية

1.2.6 عام، يجب أن يتمتع الأفراد الذين يقومون بأعمال من الممكن أن تؤثر على مطابقة متطلبات المنتج بالكفاءة والمهارة والخبرة على أساس التعليم والتدريب، حيث أن مطابقة متطلبات المنتج قد تتأثر بشكل مباشر أو غير مباشر بتأدية هؤلاء الأفراد لمهامهم ضمن نظام إدارة الجودة.

2.2.6 الكفاءة والتدريب والتوعية، حيث يجب على المؤسسة:

- تحديد مستوى الكفاءة الضروري للأفراد الذين يقومون بأعمال قد تؤثر على مطابقة متطلبات المنتج.
- توفير التدريب إن أمكن أو اتخاذ أية إجراءات أخرى لتحقيق مستوى الكفاءة المطلوب.
- تقييم فاعلية الإجراءات المتخذة بهذا الخصوص.
- زيادة الوعي لدى العاملين بأهمية دورهم ومساهماتهم في تحقيق أهداف الجودة.
- المحافظة على السجلات المناسبة التي تتعلق بالتعليم والتدريب والمهارات والخبرات.

3.6 البنية التحتية، إذ يجب على المؤسسة المحافظة على البنية التحتية اللازمة لتحقيق مطابقة المنتج، حيث تتضمن ما يلي:

- المباني وأماكن العمل والمرافق.

- المعدات (أجهزة وبرامج).

- خدمات مساعدة (مثل النقل والاتصالات ونظم المعلومات).

4.6 بيئة العمل، وذلك عن طريق تحديد وإدارة بيئة العمل اللازمة لتحقيق مطابقة المنتج للمتطلبات.

هذا وتشير عبارة " بيئة العمل " لجميع الظروف التي يتم فيها القيام بالعمل، بما في ذلك العوامل المادية والبيئية والعوامل الأخرى (مثل الضوضاء، الحرارة، الإضاءة، الرطوبة أو الظروف الجوية).

7. تحقيق المنتج

1.7 التخطيط لتحقيق المنتج، إذ على المؤسسة أن تخطط وتطوّر العمليات اللازمة لتحقيق المنتج وبما يتوافق وينسجم مع متطلبات العمليات الأخرى لنظام إدارة الجودة، مع مراعاة ما يلي:

- أهداف الجودة ومتطلبات المنتج.

- الحاجة إلى تصميم العمليات وإعداد الوثائق، والحاجة إلى توفير الموارد الخاصة بالمنتج.

- النشاطات المطلوبة للتحقق وإقرار الصلاحية والمراقبة والقياس والتفتيش واختبار المنتج ومعايير قبوله.

- السجلات المطلوبة لتوفير الأدلة والإثباتات على القيام بعمليات التحقق.

2.7 العمليات ذات العلاقة بالعميل

1.2.7 تحديد المتطلبات ذات العلاقة بالمنتج، وهنا يجب على المؤسسة أن تحدد:

- متطلبات العميل، متضمنةً شروط التسليم وأية نشاطات بعد التسليم (مثل النشاطات المتعلقة بترتيبات الضمان، الالتزامات الواردة في العقد كالصيانة، الخدمات التكميلية كإعادة التدوير).

- المتطلبات الضرورية، وإن كانت غير محددة من قبل العميل.

- المتطلبات القانونية والتنظيمية التي تنطبق على المنتج.

- أية متطلبات أخرى تراها المؤسسة ضرورية.

2.2.7 مراجعة المتطلبات ذات العلاقة بالمنتج، حيث يجب على المؤسسة أن تراجع المتطلبات ذات العلاقة بالمنتج، كما ويجب أن تتأكد مما يلي:

- تعريف متطلبات المنتج.

- متطلبات العقد أو أمر التوريد.

- قدرة المؤسسة على الوفاء بالمتطلبات التي سبق تحديدها.

3.2.7 الاتصال بالعميل، وهنا فإن على المؤسسة أن تحدد وتطبق ترتيبات فاعلة للاتصال بالعميل، وبشكل خاص ما يتعلق منها بما يلي:

- معلومات المنتج.

- التعامل مع الطلبات والعقود وأوامر التوريد.

- التغذية الراجعة، بما في ذلك الشكاوى والاقتراحات.

3.7 التصميم والتطوير

1.3.7 تخطيط التصميم والتطوير، يجب على المؤسسة أن تخطط وتراقب عملية تصميم وتطوير المنتج، وأثناء ذلك لا بد من تحديد:

- مراحل التصميم والتطوير.
- المراجعة، التحقق وإقرار الصلاحية لكل مرحلة من مراحل التصميم والتطوير.
- المسؤوليات والصلاحيات في عملية التصميم والتطوير.

وهنا أيضاً من الضروري إدارة ومعالجة التداخل بما يضمن فاعلية الاتصال ووضوح المسؤوليات لكافة المعنيين بهذه العملية، بالإضافة إلى تحديث مخرجات التخطيط بما يتلاءم مع تقدّم عملية التصميم والتطوير.

2.3.7 مدخلات التصميم والتطوير، حيث يجب أن تتضمن هذه المدخلات ما يلي:

- المتطلبات الوظيفية ومتطلبات الأداء.
- المتطلبات القانونية والتنظيمية ذات العلاقة.
- أية معلومات سابقة تتعلق بالموضوع (إن وجدت).
- أية متطلبات أخرى ضرورية أو أساسية للتصميم والتطوير.

3.3.7 مخرجات التصميم والتطوير، حيث يجب أن:

- تفي بمتطلبات مدخلات التصميم والتطوير.
- توفر المعلومات المناسبة للشراء والإنتاج وتقديم الخدمة.
- تحتوي على أو تشير إلى معايير قبول المنتج.
- تحدد خصائص المنتج الأساسية للاستخدام الآمن والسليم.

4.3.7 مراجعة التصميم والتطوير، وهنا يجب على المؤسسة القيام بمراجعة دورية ومنتظمة للتصميم والتطوير وفقاً لترتيبات واضحة ومحددة، وذلك من أجل:

- تقييم قدرة نتائج التصميم والتطوير على تلبية المتطلبات.
- تحديد أية مشاكل واقتراح الحلول المناسبة.

5.3.7 التحقق من التصميم والتطوير (Verification)، وذلك للتأكد من أن المنتج يلبي متطلبات التطبيق أو الاستخدام المحدد مسبقاً، كما ويجب المحافظة على سجلات نتائج التحقق وأية إجراءات ضرورية لذلك.

6.3.7 إقرار صلاحية التصميم والتطوير (Validation)، وذلك للتأكد من أن المنتج يفي بمتطلبات التطبيق أو الاستخدام المحدد، هذا ويجب القيام بإقرار الصلاحية قبل تسليم أو استخدام المنتج حيثما أمكن ذلك، بالإضافة إلى ضرورة المحافظة على سجلات نتائج إقرار الصلاحية وأية إجراءات ذات علاقة.

7.3.7 ضبط تغييرات التصميم والتطوير، وذلك من خلال تحديد تغييرات التصميم والتطوير والمحافظة على السجلات. كما ويجب مراجعة التغييرات، التحقق منها وإقرار صلاحيتها حيثما أمكن ذلك، واعتمادها قبل التطبيق.

4.7 الشراء

1.4.7 عملية الشراء، إذ على المؤسسة التحقق مما يلي:

- مطابقة المنتج المشترى مع المتطلبات.
- تقييم واختيار الموردين وفق أسس واضحة ومحددة.

2.4.7 معلومات الشراء، بحيث تصف ما أمكن:

- متطلبات الموافقة على المنتج.
- متطلبات تأهيل الأفراد.
- متطلبات نظام إدارة الجودة.

3.4.7 التحقق من المنتج المشترى، وذلك بهدف التأكد من مطابقته للمتطلبات المحددة مسبقاً.

5.7 الإنتاج وتقديم الخدمة

1.5.7 ضبط الإنتاج وتقديم الخدمة، حيث يجب على المؤسسة أن تخطط وتنفذ متطلبات الإنتاج وتقديم الخدمة تحت ظروف معينة تتضمن ما أمكن:

- توفير المعلومات التي تصف خصائص المنتج.
- توفير تعليمات العمل عند الضرورة.
- استخدام المعدات المناسبة.
- توفير واستخدام معدات المراقبة والقياس.
- تنفيذ المراقبة والقياس.
- تنفيذ نشاطات إطلاق المنتج والتسليم وما بعد التسليم.

2.5.7 إقرار صلاحية العمليات للإنتاج وتقديم الخدمة، إذ على المؤسسة أن تضع ترتيبات تتضمن حيثما أمكن:

- تحديد معايير للمراجعة والموافقة على العمليات.
- الموافقة على المعدات وتأهيل الأفراد.
- استخدام إجراءات وأساليب محددة.
- متطلبات التسجيل.
- إعادة إقرار الصلاحية.

3.5.7 التمييز والتتبع، حيث يجب على المؤسسة:

- أن تميز حالة المنتج بالوسائل المناسبة خلال مراحل تحقيقه حيثما أمكن ذلك.
- تمييز حالة المنتج كذلك فيما يتعلق بمتطلبات القياس والمراقبة أثناء مراحل تحقيقه.
- مراقبة وتسجيل التمييز الفريد للمنتج، بالإضافة إلى الاحتفاظ بالسجلات ذات العلاقة.

4.5.7 ملكية العميل(*)، وهنا يجب على المؤسسة:

- أن تولي اهتماماً خاصاً بملكية العميل عندما تكون تحت سيطرتها أو تستخدم بواسطتها.
- أن تميز وتحافظ على ملكية العميل الموجودة لديها بغرض الاستخدام أو إدخالها في المنتج.
- إعلام العميل في حالة تلف او فقدان أي ملكية له.

5.5.7 المحافظة على المنتج، وذلك أثناء عمليات التشغيل الداخلي، وكذلك أثناء التسليم للجهة المعنية وذلك للمحافظة على مطابقة المتطلبات. كما ويجب أن تتضمن كذلك المحافظة على التمييز والتغليف والمناولة والتخزين حيثما أمكن.

6.7 ضبط معدات المراقبة والقياس

يجب على المؤسسة أن تحدد عمليات المراقبة والقياس المطلوب تنفيذها، وكذلك معدات المراقبة والقياس اللازمة للتحقق من مطابقة المنتج للمتطلبات المحددة.

وعند الضرورة ولغايات التأكد من صحة النتائج فإن معدات القياس يجب أن:

- تتم معايرتها أوالتحقق منها، أو كلاهما، على فترات محددة ووفق أسس واضحة.
- يتم ضبطها أو إعادة ضبطها عند الضرورة.
- يتم تمييزها لغرض تحديد حالة المعايرة.
- تكون مؤمنة ضد أي تعديل قد يؤدي لعدم صحة النتائج.
- تكون محمية ضد الكسر والتلف أثناء المناولة والصيانة والتخزين.

(*) ملكية العميل قد تكون مكلية فكرية أو بيانات شخصية وفقاً لآخر إصدار من المواصفة القياسية الدولية (الأيزو 2008:9001).

8. القياس والتحليل والتحسين

1.8 عام، يجب على المؤسسة أن تخطط وتطبق عمليات المراقبة والقياس والتحليل والتحسين المطلوبة، وذلك لغايات:

- إثبات مطابقة متطلبات المنتج.

- التأكد من تلبية متطلبات نظام إدارة الجودة.

- التحسين المستمر لفاعلية نظام إدارة الجودة.

2.8 المراقبة والقياس

1.2.8 رضا العميل*، وذلك من خلال جمع وتحليل معلومات عن احتياجات وتوقعات العملاء بما يسهم في تحقيق متطلباتهم، كما ويجب على المؤسسة تحديد أساليب الحصول على هذه المعلومات وكيفية استخدامها.

2.2.8 التدقيق الداخلي، إذ يجب على المؤسسة إجراء عمليات تدقيق داخلي لتحدد ما إذا كان نظام إدارة الجودة مطابق لما هو محدد ولمتطلبات هذه المواصفة القياسية الدولية من ناحية، ومطبق بفاعلية وتتم المحافظة عليه من ناحية أخرى. هذا ويراعى عند القيام بعمليات التدقيق الداخلي ما يلي:

- تخطيط برنامج التدقيق الداخلي، مع الأخذ بالاعتبار حالة وأهمية العمليات والأماكن التي سيتم تدقيقها ونتائج التدقيق السابقة.

- تحديد معايير ومجال ودورية وأساليب التدقيق المتبعة.

─────────────────

(*) مقاييس رأي العملاء من الممكن الحصول عليها بعدة طرق، مثل استبيانات قياس رضا العملاء، ملاحظات العملاء على جودة المنتجات المقدمة، استطلاعات الرأي، تحليل الفرص الضائعة، الشكاوى والاقتراحات، التقارير المتعلقة بطلبات الضمان وتقارير التأخير وفقاً لآخر إصدار من المواصفة (الأيزو 9001:2008).

- توثيق إجراء لتحديد المسؤوليات والمتطلبات اللازمة لتخطيط وتنفيذ التدقيق.

- اتخاذ الإجراءات التصحيحية والعلاجية اللازمة للتخلص من حالات عدم المطابقة وأسبابها بدون تأخير.

- متابعة تنفيذ الإجراءات المتخذة ورفع تقرير بالنتائج.

3.2.8 مراقبة وقياس العمليات، وذلك من خلال تطبيق الأساليب المناسبة لمراقبة وقياس عمليات نظام إدارة الجودة بهدف التأكد من تحقيق النتائج المخططة حيثما كان ذلك ممكناً، وفي حالة عدم تحقيقها اتخاذ الإجراءات المناسبة ما أمكن.

4.2.8 مراقبة وقياس المنتج، وذلك بهدف التحقق من الوفاء بمتطلباته، ولا يجوز الإفراج عن المنتج وتقديم الخدمة إلى العميل، إلا بعد التأكد من اتخاذ كافة الترتيبات اللازمة وفق ما هو مخطط بشكل مرضٍ.

3.8 التحكّم بالمنتج غير المطابق، وبهذا الخصوص يجب على المؤسسة تمييز ومراقبة المنتج غير المطابق للمتطلبات والمواصفات المحددة وذلك لمنع الاستخدام غير المقصود للمنتج أو تسليمه للعميل، وكذلك **توثيق إجراء** يحدد أساليب التحكم والمسؤوليات والصلاحيات المتعلقة بالتعامل مع المنتج غير المطابق، بالإضافة إلى التعامل مع حالات عدم المطابقة بطريقة أو أكثر من الطرق التالية حيثما أمكن ذلك:

- اتخاذ إجراءات لإزالة حالات عدم المطابقة التي تم إكتشافها.

- الترخيص باستخدام المنتج غير المطابق أو الإفراج عنه أو قبوله من قبل الجهة المختصة ومن قبل العميل حيثما أمكن ذلك.

- اتخاذ إجراءات تمنع الاستخدام أو التطبيق الأصلي.

- اتخاذ الإجراءات المناسبة في حالة اكتشاف منتج غير مطابق بعد تسليمه أو البدء باستخدامه وبما يتناسب مع التأثيرات أو التأثيرات المحتملة لعدم المطابقة.

هذا ويجب أن يخضع المنتج غير المطابق الـذي تـم تصحيحه لإعـادة التحقـق مـن مطابقتـه للمتطلبات، كما ويجب الاحتفاظ بسجلات لحـالات عـدم المطابقـة والإجـراءات التصحيحية التـي تـم اتخاذها، وأية موافقات بالتجاوزات تم الحصول عليها.

4.8 تحليل البيانات، وذلك من خلال تحديد وجمع وتحليل البيانات اللازمة للتحقـق مـن فاعليـة نظام إدارة الجودة وتحديد مجالات التحسين لفاعلية النظام المطبق، وبشكل عام يجب أن يوفر تحليـل البيانات معلومات تتعلق بما يلي:

- رضا العميل.
- المطابقة لمتطلبات المنتج.
- خصائص واتجاهات العمليات والمنتجات.
- الموردين.

5.8 التحسين

1.5.8 التحسين المستمر، حيث يجب على المؤسسة أن تحسّن باستمرار فاعلية نظام إدارة الجودة المطبق، وذلك من خلال استخدام سياسـة الجـودة، أهـداف الجـودة، نتـائج التـدقيق الـداخلي، تحليـل البيانات، الإجراءات التصحيحة والوقائية، واخيراً اجتماعات مراجعة الإدارة.

2.5.8 الإجراءات التصحيحية، وذلك لإزالة أسباب عدم المطابقة بغرض منـع تكـرار حـدوثها مـن خلال إجراء موثق يتضمن ما يلي:

- مراجعة حالات عدم المطابقة.
- تحديد أسباب عدم المطابقة.
- تقييم الحاجة لوجود إجراء يضمن عدم تكرار حدوث عدم المطابقة.
- تحديد وتطبيق الإجراء التصحيحي الملائم.
- الاحتفاظ بسجلات لنتائج الإجراءات التصحيحية التي تم اتخاذها.
- مراجعة مدى فاعلية الإجراءات التصحيحية المتخذة.

3.5.8 **الإجراءات الوقائية**، وذلك لإزالة أسباب عدم المطابقة بغرض منع تكرار حدوثها مـن خـلال **إجراء موثق** يتضمن ما يلي:

- تحديد حالات عدم المطابقة الممكنة وأسبابها.
- تقييم الحاجة لإجراء يمنع حدوث عدم المطابقة.
- تحديد وتطبيق الإجراء اللازم.
- الاحتفاظ بسجلات لنتائج الإجراءات المتخذة.
- مراجعة مدى فاعلية الإجراءات الوقائية المتخذة.

أفكار للنجاح[1]

- لا بد أن يتوافر الاقتناع التام لدى الجميع في المؤسسة، وخصوصاً الإدارة العليا بأهمية وجود نظام فعّال لإدارة الجودة.

- التخطيط والإعداد الجيد والتنسيق مع الجهة المانحة يسهّل إتمام عملية التدقيق.
- إعداد وتأهيل المؤسسة للحصول على شهادة الأيزو يتم بجهود الموظفين جميعاً وعلى كافة المستويات، وبالتنسيق والتعاون التام مع ممثل الإدارة.
- شهادة الأيزو ليست غاية في حد ذاتها، بل وسيلة تضمن أن المؤسسة لديها القدرة على الوفاء بمتطلبات العملاء بمستوى عالٍ من الجودة، أي أنها مواصفات للعمل الجيد داخل أية مؤسسة هدفها النهائي تحقيق الجودة.
- زيادة الوعي لدى الموظفين بأهمية دورهم ومساهماتهم، وتوفير التدريب اللازم لزيادة كفاءتهم ومهاراتهم.
- واخيراً، الحرص على تطبيق وصيانة نظام إدارة الجودة وتحسين فاعليته باستمرار.

(1) عادل الشبراوي، **مرجع سابق**، ص 113 – 114.

المراجــع

المراجع العربية

- باتريك تونسنيد وجون جيبهارت، **كيف تحقق الجودة**، ترجمة بيت الأفكار الدولية، الرياض، 1998.

- جوزيف م. جوران، **تخطيط جودة المنتجات والخدمات - دليل جوران إلى تصميم الجودة**، خلاصات كتب المدير ورجل الأعمال، السنة الأولى (العدد الثامن عشر)، سبتمبر (أيلول) 1993.

- جيوقري بيتي، **كيف تنمي قدرتك على التفكير الإبداعي**، أشرف على نقله إلى العربية سامي تيسير سليمان، بيت الأفكار الدولية.

- خضير كاظم حمود، **إدارة الجودة الشاملة**، الطبعة الأولى، عمان، دار المسيرة للنشر والتوزيع والطباعة، 2000.

- ديفيد هيوسي، **كيف تنمي قدرتك على إدارة التغيير**، ترجمة موسى يونس، عمان، بيت الأفكار الدولية، 2005

- روبرت باكال، **تقييم الأداء**، أشرف على نقله إلى العربية موسى يونس، بيت الأفكار الدولية للنشر والتوزيع.

- ريتشال ل. ويليامز، **أساسيات إدارة الجودة الشاملة**، ترجمة مكتبة جرير، الطبعة الأولى، الرياض، 1999.

- ستيفن جورج وأرنولد ويمرزكيرتش، **إدارة الجودة الشاملة** (الاستراتيجيات والآليات المجربة في أكثر الشركات الناجحة اليوم)، ترجمة حسين حسنين، الطبعة الأولى، عمان، دار البشير، 1998.

- ستيفن ر كوفي، **العادة الثامنة – من الفعالية إلى العظمة**، ترجمة د.ياسر العيتي، الطبعة الأولى، دمشق، دار الفكر، كانون الثاني 2006.

- عادل الشبراوي، **الدليل العملي لتطبيق إدارة الجودة الشاملة**: أيزو 9000 – المقارنة المرجعية، الشركة العربية للإعلام العلمي " شعاع "، القاهرة، 1995.

- عبدالرحمن توفيق، **الجودة الشاملة... الدليل العلمي المتكامل للمفاهيم والأدوات**، القاهرة، مركز الخبرات المهنية للإدارة، 2002.

- عبدالرحمن توفيق، **الإدارة بالمعرفة – تغيير ما لايمكن تغييره**، القاهرة، مركز الخبرات المهنية للإدارة، 2004.

- فليب كوتلر، **كيف تنشيء الأسواق وتغزوها وتسيطر عليها**، ترجمة فيصل عبدالله بابكر، الطبعة الأولى، الرياض، مكتبة جرير، 2000.

- محفوظ جودة، **إدارة الجودة الشاملة**، عمان، دار وائل للنشر، 2008.

- ناجي معلا، استرتيجيات التسويق في المصارف والمؤسسات المالية، الطبعة الأولى، عمان، 1995.

- ناجي معلا، أصول التسويق المصرفي، الطبعة الأولى، عمان، 1994.

- نجم عبود نجم، إدارة المعرفة – المفاهيم والإستراتيجيات والعمليات، عمان، الوراق للنشر والتوزيع، الطبعة الثانية، 2008.

- وليام ل.مور وهريت مور، حلقات الجودة – تغيير انطباعات الأفراد في العمل، ترجمة زين العابدين الحفظي، الرياض، معهد الإدارة العامة، 1991.

مراجع أخرى

- دليل الإشتراك، جائزة الملك عبدالله الثاني للتميز للقطاع الخاص – الدورة الخامسة (2007 – 2008).

- دليل الجائزة، جائزة الملك عبدالله الثاني لتميز الأداء الحكومي والشفافية، الدورة الرابعة (2007 – 2008).

- برنامج دبي للأداء الحكومي المتميز، معايير تقييم فئات البرنامج، الإصدار: مارس 2007.

- دليل جائزة الملك عبدالعزيز للجودة، الإصدار الأول (صفر 1426 هـ)، آذار 2005.

- مقالات مختلفة للمؤلف في مجلات متخصصة وصحف يومية.

المراجع الأجنبية

- **Balridge National Quality Program 2009 - 2010**, Criteria for Performance Excellence.

- Dave Ulrich and Others, **Results Based Leadership**, Harvard Business School Press, 1999.

- David L. Goetsch and Stanley Davis, **Introduction to Total Quality**, Prentice Hall International Editions, Englewood Cliffs, New Jersey, 1994.

- Evertt E. Adam, JR and Ronald J. Ebert, **Production and Operations Management**, Prentice – Hall, Inc. , Englewood Cliffs, New Jersey, 1992.

- Gerry Johnson and Keavan Scholes, **Exploring Corporate Strategy** – Text and Cases, Prentice Hall, Third Edition, 1993.

- John A. Woods, **the Six Values of a Quality Culture** from the Quality Year Book – CWL Publishing Enterprises, 1998 Edition.

- Paul R. Niven, **Balanced Scorecard** (Step by Step: Maximizing Performance and Maintaining Results), John Wiley & Sons, Inc., New York, 2002.

- Philip Kotler, **Marketing Management**, Prentice Hall International Editions, Englewood Cliffs, New Jersey, 1994.

- Robert Bacal, **Performance Management**, International Ideas Home Inc., 1999.

- **The EFQM Excellence Model** – The European Foundation for Quality Management.

- The UNIDO / JSA Approach, **A pathway to Excellence (TQM Methods and case studies from ASEAN), 2001.**

- **The Deming Prize Guide, 2008**

- **International Standard ISO 9001**, Third Edition 15 – 12 – 2000, (Quality Management Systems –Requirements).

- **International Standard ISO 9001**, Fourth Edition 15 – 11 – 2008, (Quality Management Systems – Requirements).